A Recompensa
Quando a Justiça de Deus se Faz Presente

Iara Cristina Leopardi Pinheiro

A Recompensa
Quando a Justiça de Deus se Faz Presente

© 2000, Madras Editora Ltda.

Editor:
Wagner Veneziani Costa

Produção e Capa:
Equipe Técnica Madras

Ilustração da Capa:
Equipe Técnica Madras

Revisão:
Isabel Ribeiro
Marília Rodela de Oliveira

ISBN 85-7374-372-7

Proibida a reprodução total ou parcial desta obra, de qualquer forma ou por qualquer meio eletrônico, mecânico, inclusive através de processos xerográficos, sem permissão expressa do editor (Lei nº 9.610, de 19.02.98).

Todos os direitos desta edição, para a língua portuguesa, reservados pela

MADRAS EDITORA LTDA.
Rua Paulo Gonçalves, 88 — Santana
02403-020 — São Paulo — SP
Caixa Postal 12299 — CEP 02098-970 — SP
Tel.: (0_ _11) 6959.1127 — Fax: (0_ _11) 6959.3090
http://www.madras.com.br

Agradeço ao Rabi Yoshua,
*nosso Mestre Jesus,
Supremo Governante deste planeta
CAMINHO, VERDADE E VIDA
que nos conduz ao PAI.*

DEDICO

Aos meus filhos:
Andréa Cristina Pinheiro Silva
Marcos Renato Pinheiro Silva

AGRADEÇO

A todos os que, em todos os planos, tornaram possível a manifestação deste livro.

ÍNDICE

Ao leitor 11

CAPÍTULO UM
O dom da vida 15

CAPÍTULO DOIS
Onde impera a violência 33

CAPÍTULO TRÊS
Preciosas instruções 53

CAPÍTULO QUATRO
Redenção 69

CAPÍTULO CINCO
Vingança 81

CAPÍTULO SEIS
Decisões 95

CAPÍTULO SETE
Oração da Justiça 99

Ao Leitor

Há momentos na nossa vida em que tudo parece ruir; tudo parece extremamente frágil e inconsistente.

Muitas vezes, levamos anos e anos construindo bens materiais, investindo em relacionamentos, na profissão, na família, nas amizades, nos estudos, para que, inesperadamente, por fatores circunstanciais, talvez até contrários à nossa vontade, em pouco tempo tudo desmorone.

Emerge, então, na nossa mente, um conflito de imensas proporções, onde colocamos em cheque toda a nossa realidade, todos os nossos sonhos, todas as nossas crenças; mergulhamos num emaranhado de pensamentos, muitas vezes confusos; nosso raciocínio parece rodar em círculos; não chegamos à conclusão alguma: a lógica já não nos pode auxiliar. Desesperadamente procuramos por um culpado como válvula de escape, ou nos autopunimos assumindo o papel de vítimas, o que deteriora ainda mais nossa integridade.

Nossas emoções igualmente confundem-se numa fragilização que nos leva, da mais contundente irritação ao pranto mais profundo; a ansiedade, permeada pelo medo do desconhecido, nos torna inseguros perante algo novo que se agiganta, perante nossos sentimentos impotentes.

Procuramos ajuda, buscamos saídas, enredamo-nos nos labirintos das soluções superficiais e terminamos, desolados, decretando nossa própria falência, ou fugimos para o mundo traiçoeiro das drogas e das ilusões.

São os períodos de crise existencial profunda, onde é preciso coragem para desapegar-se; são as fases mais propícias para reafirmar o propósito de vida... mas, e se você já nem tem mais vontade de viver?

Se só o nada se apresenta como caminho, está na hora de redefinir metas e objetivos para sua vida; a experiência está sinalizando que suas metas não eram imortais, você tinha um tesouro que a ferrugem corroeu, que a traça roeu: lembre-se de que Jesus nos falou de tesouros incorruptíveis, isto quer dizer que há algo que as intempéries não podem destruir; é preciso buscar esta imortalidade dentro do transitório.

Como, se queremos gritar por socorro e a voz parece embargada na garganta? De repente um único grito escapa: **Isso é justo?**

Quando a justiça dos homens parece calar-se perante nosso sofrimento, quando não acreditamos mais nas muitas serpentes sedutoras que nos oferecem o fruto do bem e do mal à custa de dolorosas prisões; quando ninguém mais, nos céus ou na terra, parece poder ou querer nos auxiliar; estamos vivendo a mais profunda experiência que uma alma encarnada pode vivenciar na Terra, no que tange à purificação: é a noite escura da alma, como designam alguns místicos, ou o momento da provação, como qualificam outros.

Neste vale profundo, somente o silenciar dos apelos, somente a fé (não a crendice), somente saltando por sobre o abismo, na total confiança de que somos filhos de um Pai de Amor, que conhece todas as nossas necessidades, inclusive a de saltar.

O momento do salto é o tempo da aceitação: é preciso aceitar, porque merecemos a oportunidade desta experiência que na hora da agonia nos parece desproporcionalmente cruel. Merecemos, ou porque temos resgates sérios a efetuar, iluminando assim aspectos obscuros da nossa personalidade, ou porque precisamos acelerar nossa evolução, sendo indispensável a quebra de referenciais antigos e obsoletos.

Depois de aceitar e reconhecer, na lei da humildade, o merecimento, vem o salto. Depois do salto aprende-se a voar; no vôo, vem a gratidão pela liberdade e o pouso em novas paragens.

Na liberdade o segredo manifesta-se, silencioso, sem palavras; é o secreto que vive adormecido no âmago de cada Ser, e este segredo é **a justiça suprema!**

Amigos, quando tudo lhes parecer injusto; quando estiverem atados por pesadas correntes ou sutis cordéis, que não lhes permitam movimentos; quando vocês chegarem ao fundo do poço e a dor dilacerar cada fibra do coração, vocês têm um encontro com A MISERICÓRDIA, que está além de tudo o que a mente humana pode conceber, mas é acessível à alma pura e confiante no Deus que a criou.

Quem ama confia, reconhece a voz do seu Pastor, segue e agradece. Na gratidão, as trevas dissipam-se e a paz advém.

Este romance fala de fatos do nosso quotidiano e nos ensina a amar a justiça divina, que é misericórdia, embora muitas vezes se apresente sob a forma da espada flamejante.

**Luz na mente,
Amor no coração,
Paz na alma!**

Iara Cristina

Capítulo Um

O DOM DA VIDA

Era madrugada, mas a aurora já se fazia presente no canto dos primeiros pássaros, no silenciar dos grilos, no frescor que emanava das gotas de orvalho sobre a vegetação.

Não se ouvia mais o piar das aves notívagas e, lá ao longe, na estrada, a tênue luz intermitente revelava na neblina os faróis que precediam o passar pesado dos primeiros caminhões.

Ainda a lua iluminava fracamente as pradarias e os animais repousavam serenamente nos estábulos, contemplando as estrelas que pareciam despedir-se em graciosa reverência.

A natureza é harmoniosa, tudo é pleno, é um movimento contínuo e perene...

Nada resiste à imensa beleza que há no suceder dos ciclos: no irromper da manhã, no entardecer, na tempestade, na fúria dos trovões e na pacífica bonança; na primavera como no outono...

Nos seus ninhos, os filhotes esganiçam ensaios famintos de apelo, e a alvorada se desenha em pinceladas de luminoso clarão alaranjado que prepara magnificente o ascender do sol; e, quando ele, sublime, despontar, renovadas bênçãos divinas jorrarão sobre a Terra, sobre a semente oculta, sobre a flor, sobre o fruto; é o Pai abençoando a sua prole!

Entra um novo dia: é hora de intensa vibração!

Quando a brisa soprar do norte, gelada e sutil, milhares de mensageiros da paz penetram a aura da Terra.

É o portal da criação divina que desperta no ser humano o poder criativo, é um jorro de luz renovando as esperanças nos corações dos homens de boa-vontade.

É hora de orar; neste momento, como fazia todas as manhãs dos últimos anos de sua vida, Clara abria as janelas da casa sede e, recebendo o aconchegante abraço do amanhecer, respirava o alento da bênção que tudo envolvia, unia as mãos em prece, num ato instintivo de reunir todas as suas forças, sem divagação:

— Senhor, que governa nossas vidas, nós Te agradecemos por mais este amanhecer. Possa o nosso dia refletir a sabedoria da Tua Lei e o amor do Teu Coração.

O olhar se estende longínquo e as pequenas partículas de fluidos cósmicos saltitantes tornavam-se visíveis. Basta agora inspirar profundamente, enchendo o peito de ar puro, reter por alguns segundos e expirar lentamente, permitindo-se também alguns segundos de retenção no vazio para que todo o corpo se energize: este era, para ela, o melhor antídoto para o estresse, a mais eficaz vitamina.

Clara repete o movimento: duas, três... sete vezes, como as cores do arco-íris, os dias da semana, os sons da escala musical.

Oito de outubro, esta manhã é especial... É o dia do seu aniversário!

Lágrimas silenciosas escorrem dos olhos castanhos que revelam nobreza e dignidade; rapidamente ela passa as costas das mãos pelos olhos, ensaia um sorriso, ajeita os cabelos, ergue o queixo... Pronto! Está aparentemente refeita!

Uma imensa bola dourada reina na linha do horizonte e o fulgor radioso da luz espalha-se por toda a abóbada celeste.

Parece que anjos, talvez querubins travessos, se divertem com luzes como crianças com guaches coloridos, e que até os sérios serafins riem das suas traquinagens... Há festa no ar, a festa alegre dos filhos de Deus, que faz nascer o sol sobre os justos e injustos. Clara contempla e imagina como deveria ter sido maravilhoso o momento em que Jesus ensinava, sentado sobre a pequena montanha, a Lei Divina:

"*E Jesus, vendo a multidão, subiu a um monte e assentando-se, aproximaram-se dele os seus discípulos;*
E, Ele os ensinava, dizendo:
'*Bem-aventurados os pobres de espírito, porque deles é o reino dos céus;*
Bem-aventurados os que choram, porque serão consolados;
Bem-aventurados os mansos, porque eles herdarão a Terra;
Bem-aventurados os que têm fome e sede de justiça, porque eles serão saciados;
Bem-aventurados os misericordiosos, porque eles alcançarão misericórdia;

Bem-aventurados os limpos de coração porque eles verão a Deus;
Bem-aventurados os pacificadores, porque eles serão chamados filhos de Deus;
Bem-aventurados os que sofrem perseguição por causa da justiça, porque deles é o reino dos céus;
Bem-aventurados sois vós quando vos injuriarem e vos perseguirem e, mentindo, disserem todo o mal contra vós por minha causa.
Exultai e alegrai-vos, porque é grande o vosso galardão nos céus; porque assim perseguiram os profetas que foram antes de vós.
Vós sois o sal da terra; e se o sal for insípido, com que se há de salgar? Para nada mais presta, senão para se lançar fora, e ser pisado pelos homens.
Vós sois a luz do mundo; não se pode esconder uma cidade edificada sobre um monte;
Nem se acende a candeia e se coloca debaixo do alqueire, mas no velador, e dá luz a todos que estão na casa.
Assim resplandeça a vossa luz diante dos homens, para que vejam as vossas boas obras e glorifiquem vosso Pai que está nos céus.'" (Sermão da Montanha: Mt. 05,1-16).

O olhar de Clara deixa-se estender além dos limites do tempo e do espaço e, pouco a pouco, seus sentidos distanciam-se da realidade perceptível; ela sente-se envolvida por cálida aragem e, então, numa fração de segundo, um ligeiro estremecer e lá estava, ela mesma, diante do imenso lago de Genesaré. Seus pés podiam sentir o calor da areia do deserto, sua pele fazia-se morena, seus cabelos, envoltos por um pesado manto, caíam-lhe negros pela cintura... A emoção invadia sua alma, ela sabia que algo muito importante iria acontecer; divisava a multidão... Era Jesus que se aproximava... Seu coração desritmava, sua garganta embargava, seu olhar fixava-se em direção ao Mestre e ela começava a vislumbrar seu vulto. Uma sensação de arrebatamento, de alegria, enlevava-a... De repente, um vento gelado, o torpor, o baque no estômago. Lá está ela, com as mãos úmidas apoiadas na janela, um suor frio a escorrer-lhe pela fronte, a boca seca, os ouvidos zumbindo e a impressão de haver despencado no mundo.

Era sempre assim, deslocava-se para a Terra Santa, para a época em que Jesus caminhava pelas areias do deserto da Galiléia, calçado apenas pelas sandálias de tiras de couro atadas nos tornozelos, vestindo sua túnica de cânhamo ou linho branco, cingida na cintura e recoberta pelo manto inconsútil do mais luminoso azul, que lhe tecera sua mãe, Maria. Sua figura alta e majestosa resplandecia na simplicidade e na serenidade do seu rosto com a pele dourada pelo sol das longas peregrinações, os olhos de um azul profundo e cuja expressão, qualquer um que a visse, jamais esqueceria, embora não se pudesse descrever ou retratar com fidelidade; o nariz afilado conferia-lhe nobreza não humana, os lábios abriam-se para sorrir discretamente ou pronunciar as palavras exibindo os dentes alvos e... perfeitos; o semblante sempre tranqüilo, emoldurado pela cabeleira da cor da avelã madura, dourada aos raios solares, partida ao meio à forma da castidade nazarena; era cascata luminosa sobre seus ombros. Clara sentia no ar o aroma do mar, outras vezes, o vento trazia o cheiro das oliveiras, dos bálsamos, da mirra; vinha a emoção de estar em casa...

Porém, no momento mais esperado, no momento de aproximar-se e compor a cena, o movimento invertia-se e ela retornava bruscamente ao tempo e espaço presentes.

Depois do retorno, a busca da explicação que não vinha: por que não conseguia permanecer lá? Por que tinha que voltar antes de vê-lo? De ouvir sua voz? De tocar suas vestes? Por quê?

Este episódio é o que denominamos transporte consciente (o transporte inconsciente acontece freqüentemente quando dormimos); deve-se a um deslocamento do perispírito, corpo astral ou corpo bioplasmático, que pode ver, ouvir, sentir e atuar em outras dimensões da vida, que alguns denominam por quarta dimensão, éter ou akasha terrestre, onde tudo sempre "É". Além desta dimensão podemos atuar como espíritos em outros corpos, mas a consciência destas experiências torna-se difícil para nossos níveis de vivência tridimensional. Chamamos de vida tridimensional a vida da nossa personalidade, ou seja, a do corpo físico-etérico, do corpo emocional e do corpo mental.

A capacidade de deslocar-se conscientemente através do tempo e do espaço é pertinente ao que qualificamos como mediunidade de bilocação, com ou sem adensamento do perispírito; esta aptidão pode ser desenvolvida e treinada, mas deve se submeter à orientação competente para que se preserve a sanidade emocional e mental; a orientação kardecista é um dos meios mais seguros e eficazes para isto, além de oferecer a possibilidade de acompanhamento de mentores da Espiritualidade maior.

Voltando ao tempo presente da nossa história, encontramos junto à janela nossa Clara, uma dessas *velhinhas* de fibra, que não se deixam abater pelas intempéries dos anos. Na majestade dos seus cinqüenta e três anos exibe um corpo esguio de quem nunca se acomodou ao ócio, tem as mãos ainda ágeis e um gesticular agitado; supera o declínio da acuidade visual ostentando um par de óculos que lhe conferem altivez ao olhar, aquele olhar que ela sabe muito bem direcionar, por cima dos óculos, por baixo, ou através deles...

Tem a pele rosada, com marcas de expressão que lhe atribuem respeitabilidade, sem endurecer-lhe o semblante; sabe, como ninguém, franzir a testa num ar de total desaprovação que desencoraja até os mais intrépidos; maneja o sorriso tanto quanto um bom espadachim da Idade Média desembainhava a sua espada; sabe torcer o nariz e com ele "farejar" qualquer encrenca que paire no ar, por mais que os interessados tentem mantê-la oculta.

— Por onde eu ando, o que está escondido, por mais bem oculto que esteja, aparece, explode — murmurava, meneando a cabeça, cada vez que surpreendia alguém em situação embaraçosa; era inexplicável, inevitável... Nesses impasses sentia nela mesma a vergonha de *"Ter sido pega"*, quando um dia, num momento de forte tensão, lembrou-se de algo que ela queria ocultar para preservar alguém muito querido, veio-lhe ao consciente a cena em que ela, uma garotinha de cinco anos, foi surpreendida... Nossas experiências desta e de outras vidas são nossa bagagem psíquica.

Quando jovem, tinha uma belíssima cabeleira castanho-claro que balançava orgulhosamente, exibindo com muito charme os sedosos cachos que caíam abundantemente sobre os ombros. Tão logo observou no espelho o amadurecimento de suas feições, optou por penteados diferentes que a fazem agora ter como moldura de seu rosto a prata, mesclada, brilhante e graciosa nos fios cortados retos, quatro dedos abaixo dos lóbulos das orelhas.

Tem os lábios ainda bem modelados, não tão grossos como na juventude, porém, ainda coloridos por uma vida saudável e um pouco de batom.

É zelosa de sua aparência, veste-se com leveza e sobriedade, sempre perfumada pelas lavandas suaves, expondo as marcas esbranquiçadas da esponja de talco sobre o colo e o pescoço. Nos pés, quase sempre uma sandalinha simples e confortável, que marca os passos que sustentam um corpo de pouco mais de um metro e sessenta e, no máximo, sessenta e três quilos.

Acompanhem-me! Clara vai agora despertar a fazenda! Desperta a Fazenda Canaã...
Desculpem os dorminhocos... e os preguiçosos.
As trancas horizontais são retiradas com cuidado: uma, duas... O rangido da chave na fechadura, um pouco mais de força e a porta da sala está aberta.

Do lado de fora, pendendo de uma "mão francesa" entalhada em ferro maciço, o sino de cobre repicava obedecendo ao ritmo vigoroso que ela impunha ao cordel que pendia do badalo.

Como num passe de mágica, tudo começa a mover-se. Como num eco crescente, o mundo quebra o silêncio e responde ao bimbalhar do sino.

Astor corre latindo, abanando o rabo (ou o que deixaram restar cirurgicamente dele), aproximando-se da dona como quem festeja um feliz reencontro; Clara ergue as mãos e o cão alça, no ar, o seu corpanzil com a mesma agilidade que uma bailarina dá piruetas; depois rasteja no chão pedindo carinho. Assim que acariciado, demonstra sua inteligência preparando-se para acompanhá-la nos primeiros afazeres e, sem dúvida, saborear sua tigela de leite fresco com ração, enquanto ela faz seu desjejum.

Aos três anos, este cão dinamarquês havia desenvolvido extrema sensibilidade aos fatos ocorridos na fazenda, bem como uma independência emocional que lhe permitia uma evolução saudável. Nem parecia aquele pequeno filhote rejeitado, com poucas possibilidades de sobrevida depois de haver sido violentamente escoiceado por uma mula como resposta à sua ávida curiosidade. Clara recolhera-o numa fazenda vizinha, no momento em que, desesperançados quanto à qualidade do filhote, caso sobrevivesse, e do seu valor para venda, os renomados criadores dispunham-se a sacrificá-lo, pois não "compensaria" mantê-lo. Tomada de intensa compaixão pelo animalzinho e, porque não dizer, com muita raiva pela atitude dos humanos, ela enrolou o pequeno em sua blusa de lã e carregou-o junto ao peito até a

O Dom da Vida 21

cozinha de sua casa, onde cuidou dele com desvelo, carinho e remédios: chá de cidreira, tintura de arnica e tudo o que podia dispor (inclusive Florais de Bach que havia trazido consigo da recente viagem que fizera à Europa), tudo o que o veterinário recomendava ia goela abaixo do doentinho, quatro, cinco vezes por dia. Passados quatro meses na companhia de Clara, o filhote estava irreconhecível, viçoso, alegre; estava tão bem que os tais criadores fizeram uma boa oferta em dólares para recuperá-lo, pois ele despontava com características de excelente padreador.
Imaginem a resposta que ouviram!
Clara sabia intuitivamente como colaborar para que seu companheiro cão pudesse atingir o ápice de suas capacidades. Dava-lhe afeto, segurança, conforto e disciplina, evitando aferir-lhe características humanas, aguçando-lhe os sentidos, atribuindo-lhe funções, adestrando-o.
Ao primeiro latido, responde o mugido grosso da Mimosa, que ergue a batuta para o início da soberana sinfonia matinal; a partitura desenvolve-se em todas as tonalidades, numa onomatopéia de inconcebível harmonia de acordes maiores e menores, entre o relinchar dos cavalos, o grasnir dos gansos, o mugir das vacas e bezerros, até que Esplendor emite seu estrondoso berro, refletindo em potência os mais de seiscentos quilos do fabuloso touro; em resposta, uma pausa e o reinício da sinfonia em movimento andante, contrastando com o alegreto das revoadas dos pássaros chilreantes.
Na casa dos caseiros as janelas estalam sonoramente contra as paredes, e a gritaria começa.
— Não aprendem mesmo! — Reclama a distinta senhora. — Dormem até tarde, acordam esbravejando porque o dia raiou cedo demais, ou porque eu não arrumo mais o que fazer do que "acordar de madrugada"; espancam as janelas contra as paredes, como se elas tivessem culpa dos seus limites; quebram tudo!
Depois, compassiva, reconsidera, pensando em como educar, em como fazer ver. Havia ouvido de seus avós que a melhor escola é o exemplo, mas, eles nem sequer percebiam sua forma de agir, quanto mais imitar! Era preciso verbalizar, repetir, exigir...
Lembrava-se também de seu antigo professor de filosofia (naquela época, philosophya) a repetir: "Um dos modos de se aprender alguma coisa, é por imitação; você imita os atos de quem admira e cresce com isso, se esses atos forem nobres, até que, um dia, esses

atos transformem-se num hábito". "*Hábito*", definia ele, "é uma segunda natureza. Transformado em hábito, o gesto imitado incorporase ao seu modo de ser, então, você evolui... Ou recalcitra, se estiver imitando um mau comportamento"; e por aí prosseguia até que a sineta tocasse encerrando a aula... Graças a Deus!

Por muitas vezes ouvira a voz rançosa do professor Nicolau:

— Quem não aprende pensando, nem imitando, certamente aprenderá na vara e no chicote das desilusões e das experiências dolorosas.

Recordava-se do olhar firme do Pastor Levi ao citar as palavras bíblicas nos cultos dominicais: "Aqueles que Eu amo, repreendo e castigo."

Porém, o repetir da mesma reprimenda a deixa exausta e o desânimo começa a vicejar, mas a sua fibra é resistente, seu caráter não se forjara em almofadas de cetim, mas nas provas de uma existência realista, lembrando-se, mais uma vez, das pregações da infância: "...e os escolhidos de Nosso Senhor Jesus Cristo serão provados no fogo e na água, como se tempera a lâmina de uma boa espada."

Do mais recôndito de si mesma emerge uma vontade indômita de ir em frente.

Logo a algazarra das crianças faz-se ouvir: "Ué, não foram à escola? Perderam novamente a hora?"

Desta vez não haveria condescendência: criança que não vai à escola, não merece brincar, nem pode ajudar os pais nas tarefas; matuta, tramando uma forma de evitar a preguiça das crianças e o abuso dos pais.

Passando pelo gramado, assistiu ao início de animada partida de futebol: dois contra dois, a chutarem a velha bola de capotão já ressentida por meses seguidos de pontapés:

— Chuta! Pega! Passa! (... ✔ ⌒ ✔ ✢ ✗ ⫽ ...)

— O quê? — grita Clara, assustando os meninos que sequer desconfiavam ser observados.

— Além da vagabundagem, ainda são mal-educados? Deviam lavar essas bocas com sabão e enxaguá-las na pimenta malagueta!

Paralisado o jogo, atônitos os jogadores, torna-se fácil confiscar-lhes a bola, decisão cumprida e acompanhada pelos protestos silenciosos da garotada boquiaberta.

A passos rápidos e firmes adiantou-se até a porta da casa onde morava a família: Izilda, o marido Francisco e seus cinco filhos, quatro meninos e uma menina: Márcio, com quatorze anos e uma indolência mental de difícil resolução, mas um vigor físico exuberante, diríamos, um verdadeiro touro empacado; Emerson, doze anos, um temperamento acomodado, o que se faz de "manco, para não ir à guerra", mas esperto e astuto; Suélen, com pouco mais de dez anos, já demonstra o despertar de uma sensualidade feminina muito forte, tem feições firmes, é envolvente para obter o que deseja, sabe adular e rebela-se contra a posição da mãe, contra sua passividade, seu envelhecimento precoce, não tendo nela o seu modelo de mulher, o que conseguia entre as páginas das revistas e os programas da TV; Wanderley, quase sete anos, é muito inteligente, prestativo, buliçoso, curioso e descompromissado, dá-se bem com todos; e, finalmente, com cinco anos, o pequeno Luís, chorão, apegado à mãe, sempre com um resfriado, uma alergia, uma dor de ouvidos, seja lá o que for, mas sempre precisando de cuidados especiais.

    Estando a porta fechada, Clara contorna a casa buscando a entrada da cozinha, pelos fundos, e surpreende a pequena Suélen entre baldes de roupas sujas e uma árdua tarefa no tanque.

— Bom dia! Onde está sua mãe?

— Está lá drento, dona Clara, ela não consegue saí da cama, já faz dia que ela num consegue se alevantá direito; sabe, aquelas enjoeiras..." — a menina faz um ar malicioso de quem sabe tudo e aguarda pelas fofocas...

— O quê? De novo? Com licença, vou entrar. Izilda, que é que há? Posso entrar? Tô entrando... — fala em voz alta, sem interromper a ação de adentrar pela modesta residência em visível desordem.

    Encontra Izilda sentada aos pés da cama, com um velho penico no chão, onde se via vômito recente. Clara abre a janela, remove o fétido resíduo e impele Izilda para um banho; depois, conversa com ela e constata tratar-se indubitavelmente de uma nova gravidez.

— Num se preocupa não, dona Clarinha, tá só no começo, a gente dá um jeito!

— Que jeito é esse? Não pense que vai aprontar um outro aborto; quando aconteceu da outra vez, eu estava viajando e só fiquei sabendo porque encontrei você quase morrendo de infecção; se soubesse, jamais permitiria.

— Dona Clara, só aconteceu porque a intendida não era boa nisso; da outra vez, deu tudo certo. Olha, a comadre Lazinha fez, tá hoje com vinte dias e nem sentiu nada, é um pouco caro, mais vale a pena.

— Da outra vez, você não trabalhava para mim, e o que a sua comadre fez é um ato terrível, é o *crime do aborto*, não fique surpresa, aborto é crime! — neste momento percebe que Suélen esconde-se atrás da porta para bisbilhotar e chama a menina, repreendendo-a pela atitude e pedindo permissão à mãe para que ela ouça sua explicação. Concedida a permissão, após alguma relutância, pois Izilda demonstrava-se envergonhada em tratar certos assuntos perto da filha, Clara começa um esclarecimento de forma simples, bonita e emotiva, falando com o coração, o que sempre acontecia quando ela passava ensinamentos espirituais. A inspiração brotava-lhe na alma, as palavras fluíam. Como numa unção divina, era a presença dos amigos espirituais que, abrindo-lhe a percepção, forneciam-lhe elementos com os quais ela mesma se surpreendia. Os fluidos amorosos destes mentores lhe envolviam, bem como todo o ambiente, numa aura de harmonia e bondade:

— A vida é um dom de Deus, um presente que nos é concedido para que possamos melhorar nossas atitudes, é uma oportunidade para aprender todos os dias. Em todas as coisas que acontecem há uma lição a ser compreendida, para ficarmos cada vez mais bondosos, mais inteligentes.

Clara tentava fazer-se entender, simplificando a linguagem. Acomodou-se melhor na velha cadeira de palha, enquanto mãe e filha, sentadas na cama, aguardavam ansiosas pela continuidade da explanação.

Suélen, com a extrema vivacidade que lhe é peculiar, aproveita a pausa para perguntar, demonstrando estar atenta e interessada:

— Dona Clarinha, mas para que aprender e ficar melhor se a gente morre mesmo? Tem tanta gente ruim que "dá certo", enquanto tanta gente boa só sofre. Será que tem mesmo Deus, será que tem mesmo céu e inferno? Eu tenho medo que o diabo fique espetando a gente com aqueles garfos, como a estátua que eu vi na loja de macumba...

— Quieta menina, num atenta com essas coisas! — replica a mãe, fazendo mal-feito o sinal da cruz três vezes.

— Calma, vocês duas! — prossegue Clara.

— As pessoas não vivem uma só vez na Terra, vivem muitas vezes, por isso é que elas são tão diferentes; quando vivemos nossa primeira existência aqui, somos criaturas simples, mas igno-rantes a respeito de tudo o que pode acontecer, não conhecemos as leis da

O Dom da Vida 25

natureza, nem as leis de Deus, que sem dúvida existe, porque nenhum de nós é capaz de criar o céu, os rios, as sementes, o ar; nenhum ser humano é capaz de existir sem que Deus lhe conceda a dádiva do sopro da vida. Estamos aqui, para que com nosso próprio esforço, aprendamos a fazer escolhas que nos levem a ser sábios e santos.

— Santos como os da Igreja? Mas e os tais de CLONES, que eu vi na TV? Eles não são feitos pelos homens? A ovelhinha estava bem viva! — interrompe Suélen, numa torrente de perguntas.

— Quase isto, porque os santos foram pessoas que viveram e demonstraram amor para com o semelhante e muita sabedoria nas suas escolhas, mas também eles têm um longo caminho para percorrer até que se tornem espíritos puros. As escolhas são importantes, todos nós podemos escolher nossos caminhos, o do bem ou o do mal; os anjos e os bons espíritos sempre nos estimulam a fazer o bem, mas há espíritos ignorantes e até mesmo perversos, que sofrem porque têm raiva, porque não sabem perdoar, porque desejam vingança e procuram nos levar pelos caminhos da dor e do sofrimento. Cada um atrai as companhias que mais se afinam com suas características: se você gosta de dançar, vai procurar alguém que também goste e irão a uma danceteria. Clones são cópias de um padrão celular já existente, copiar é possível. Eu falo é de criar, de fazer surgir do nada algo novo, original, vital!

— É como quando a gente parece que ouve dentro da cabeça: "óia, dá o troco pro Chico agora", e depois vêem os pensamentos de aprontá pra valer, já tive até vontade de por chifre nele, só de raiva, mas parece que nem era eu que queria mesmo aquilo; depois a gente escuta outra voz dentro da cabeça: "deixa ele, reza pra ele ficar melhor, não complica as coisas!" — interfere com asserção Izilda que recostara-se na cabeceira da cama.

— Ou quando o Emerson rouba as coisas na venda e diz que não sabe explicar, que parece que alguém manda roubar e ele não consegue pensar?

— É isso mesmo! Só que no caso do Emerson precisamos estudar mais profundamente essa cleptomania, pois pode ser também um mau hábito adquirido em outras vidas, ou mesmo algum distúrbio psicológico. Porém, cada um de nós deve decidir o que fazer e responsabilizar-se pelas conseqüências do que fez. A isso chamamos livre-arbítrio.

— Pôxa, que bonito! Vou escrever no meu caderno pra não esquecer! — retruca Suélen.
— E este livre-arbítrio permite que façamos opções — prossegue Clara.
— Op... o quê? — pergunta a menina.
— Opções, escolhas que envolvem decisões profundas, quando não agimos por impulso. Para aprendermos a usar convenientemente nosso livre-arbítrio, precisamos controlar nossos impulsos, mas mesmo quando agimos por impulso, sofremos as conseqüências disso, por exemplo: você escolhe comer manga verde e depois...
— Vou ter dor de barriga! — responde imediatamente a menina.
— Se você escolher praticar ações más, vai receber o efeito disso, se procurar ser boa e justa, também receberá recompensas; quando os efeitos são maus e nós sofremos, dizemos que isto é o inferno; quando são bons e recebemos alegria e felicidade, é o céu, não importa se recebemos este efeito nesta vida ou no plano espiritual; mas sempre teremos que compensar os erros cometidos, fazendo o contrário do que fizemos, este é também um dos motivos pelo qual vivemos várias vezes na Terra.
Céu e inferno são o que nos dá alegria ou tristeza, as pessoas que estudam muito chamam de estados de consciência. Vocês entenderam?"
— Entendi, dona Clara — responde Izilda, bastante interessada na conversa, interpelando — Mas, e quando a gente, Deus o livre, morre?
— Quando morremos a nossa alma continua viva, nosso espírito não morre nunca; como almas, examinamos, ajudados pelos espíritos de luz, tudo o que fizemos, recebemos aulas, remédios para a doenças que marcaram a alma, e, depois, voltamos à Terra, num corpo de bebê, para podermos fazer as coisas melhor do que fizemos antes, para corrigirmos nossos erros, para nos tornarmos mais sábios.
Os que praticaram o mal, quando deixam o corpo, ao morrer vão sofrer até que enxerguem tudo o que fizeram de ruim; se forem viciados, permanecerão em necessidade e padecimento; se reconhecerem suas faltas e aceitarem ajuda, poderão regenerar-se e voltarão para colher a semente que plantaram, sendo auxiliados pelos mentores espirituais a colocar amor no lugar do ódio. Alguns teimam em continuar maus, voltam e, com dor e sofrimento vão amolecendo o coração e melhorando.

O Dom da Vida 27

— A senhora estava falando e veio uma coisa engraçada na minha cabeça! — gracejou Suélen, sacudindo a cabeça e batendo com a mão na têmpora, como querendo afastar a idéia.
— Fale, menina! Que idéia foi essa? Às vezes, seu mentor espiritual ou anjo da guarda lhe inspirou algo útil para todos nós! — retruca Clara com simplicidade.
— É como se o pai preparasse a terra, deixasse com estrume, passasse a grade do trator, esperasse a chuva molhar bem, porque eu aprendi com dona Laura que a água é o sangue da terra, depois pegasse o milho pra plantar e junto com ele plantasse tiririca! — a menina ria...
— É isso mesmo! Quando somos violentos, semeamos tiririca na nossa vida, que é como um campo que devemos preparar para a boa semente. Quando voltamos à Terra e a nossa experiência é a de ter feito o bem em outras vidas, o terreno vem quase pronto para semear novamente; outras vezes, nosso terreno está cheio de mato, ressecado, pedregoso, espinhento, então é preciso carpir, passar o trator, limpar, recolher todo o mato alastrado, para depois adubar e semear novamente o que colheremos mais tarde. A vida é assim!"
Izilda parecia haver sido tocada por um *insight*, uma compreensão instantânea deste ensinamento, correlacionando-o com sua situação:
— Então, dona Clara, a gente precisa mesmo voltar, pra ter terra nova para plantar; o corpo novo é como esta terra nova pra gente carpir, fazer a queimada e plantar outras plantas.
— A comparação está certa, só não quero queimada nesta fazenda, a terra sofre sem necessidade! Mas há casos em que a erva daninha é tão resistente que precisa ser queimada...
— É por isso que se diz que no inferno tem fogo? — pergunta a garota com ares de quem fez importante descoberta.
— O fogo é o símbolo de purificação através da dor e do sofrimento, como também é o símbolo da fé que traz pureza às nossas vidas. Conforme já sabemos, nós escolhemos um significado ou outro, depende do nosso pensamento; em nossa vida tudo depende do que pensamos e sentimos. E já que falamos novamente em inferno, aqueles seres horríveis, representados com chifres, rabo e pintados de vermelho que você viu na loja de artigos religiosos para umbanda e candomblé, são a representação de espíritos que se perpetuam na obscuridade dos próprios delitos, acalentados pelos encarnados egoístas que lhes atribuem cada vez mais crimes com seus pedidos maléfi-

cos, permanecem todos atados, acorrentados às suas próprias baixezas; os chifres são símbolo do mau uso da inteligência e o rabo significa a animalidade, o instinto irrefreado.

Vejam se conseguem entender a importância da oportunidade de nascer para uma alma que já percebeu seus erros e precisa voltar aqui na Terra para reequilibrar tudo; até mesmo para um espírito preso às maldades, que não aprendeu amar e perdoar, é imprescindível reencarnar para reencontrar o caminho da luz.

— Ô dona Clarinha, então quando uma criança nasce doentinha como o Luisinho, que não sara nunca, chora e se espanta de noite, é porque foi malvado noutra vida? — pergunta Suélen em tom coloquial, pois desde o nascimento do irmão acompanha seus incontáveis problemas imunológicos, seus terríveis pesadelos e a enurese noturna que a obriga constantemente a auxiliar a mãe na troca dos lençóis e na colocação dos colchões ao sol.

— Não necessariamente que ele tenha sido maldoso, mas é possível que nesta vida o Luisinho tenha escolhido, para sua própria evolução espiritual, purificar algumas coisas do passado, através destes desconfortos físicos; estas dificuldades vão torná-lo mais tolerante, vão ensiná-lo como é bom ter saúde, desenvolver hábitos de higiene e não abusar do corpo físico.

— E os pesadelos? — interrompe Izilda.— Ele acorda gritando, falando sozinho, diz que tem um homem feio que quer matá-lo e uma mulher que o atira num buraco...

— Izilda, quando nós dormimos, nosso espírito pode viver em lugares onde se encontram como almas: se são boas almas, amigas, encontram-se em locais bonitos, como jardins, escolas, praias; se são espíritos endurecidos, que carregam mágoas, ressentimentos e desejos de vingança em relação às pessoas com quem tiveram relacionamentos negativos, podem persegui-las até mesmo quando elas reencarnam. Durante o sono, podem encontrar-se, causando o pesadelo, ou o sonho; quando o Luís acorda assustado, é porque sua alma voltou correndo para o corpo, que é o lugar mais protegido para ele. Às vezes podem ser sombras do próprio inconsciente.

Clara tentava simplificar, mas sua vontade era de que todos entendessem tudo o que para ela era claro e evidente; este amor pelo conhecimento e pelo esclarecimento das pessoas fazia com que ela obtivesse êxito nas suas explanações.

— Isso não tem cura?"— pergunta Suélen, em tom desesperançado.

— Tem sim, o primeiro passo é dar ao Luisinho muito amor e muita disciplina; mantendo a higiene e a limpeza em casa, nas roupas; enfim, nesta "bagunça" não haverá cura possível. Depois, é preciso manter um ambiente de calma, sem brigas, sem palavrões; é preciso rezar, ler o *Evangelho*; se vocês quiserem eu ensino como se faz o Evangelho no Lar, mas até que aprendam, podem vir fazê-lo comigo todos os domingos, às oito horas, mas é preciso força de vontade e persistência. Finalmente, é necessário que estes espíritos que assustam o Luisinho, este homem e esta mulher, recebam esclarecimentos e sejam encaminhados para ser tratados, para perdoar e ser perdoados, podendo preparar-se para uma nova vida, onde provavelmente conviverão com o Luís, substituindo o ódio antigo pelo amor. Esta reconciliação só deve ser feita por pessoas bem preparadas, num local dedicado ao serviço do Cristo e orientado pelos espíritos de muita luz; quando eu for à casa espírita, levarei o nome do menino, se você permitir, para ser analisado no colegiado, onde pessoas que se preparam muito, estudando e procurando melhorar-se, inspiradas e ajudadas por mentores espirituais muito bondosos, assim poderão indicar o melhor caminho para curar a todos.

— Que é isso, dona Clarinha, é lógico que pode levar o nome; Suélen, escreve o nome do Luís num papel limpo.

A menina escreve o nome do irmão e, embaixo, escreve o próprio nome.

— Dona Clara, eu coloquei também o meu nome aí, porque, de uns tempos para cá, eu tenho uns sonhos meio esquisitos...

— Uai, que sonhos são estes, menina? — pergunta Izilda, demonstrando surpresa e como que a repreendendo duplamente, por ter-lhe ocultado e por ter revelado na presença de uma estranha.

— Num é nada importante, mãe! — desconversou, baixando os olhos em nítida postura de quem não quer comentar com a mãe.

— Está bem, Suélen. — Responde Clara, demonstrando haver compreendido a situação.

— Bem, — prosseguiu, dando ênfase à pergunta já feita anteriormente — vocês perceberam a importância de uma vida? Quando um bebê se forma dentro do útero, já existe uma vida e uma alma que se preparam para reiniciar a caminhada... É um ser cheio de planos para melhorar-se, é um ser humano vivo, que sente quando é rejeitado e sofre, mas que sente alegria quando é aceito. No aborto, ele se sente assassinado... Se pudéssemos ouvi-lo, aquele bebê pequenino, indefeso, encolhidinho, agarradinho ao seu bercinho uterino, quentinho, feliz por estar podendo vir à Terra, seria como se ele nos dissesse: *"Que bom estar aqui! Gostaria que a mamãe soubesse que estou vivo... Mas acho que ela não gosta de mim, parece que não me quer!*

Já tenho uma cabecinha bonita, meus cabelinhos serão castanho-claros, encaracoladinhos... Sou menina, quero chamar-me Giulia. Meus olhinhos serão verdes, tenho a boca já delineada, é pequenina e rosada. Meu coraçãozinho bate: toc, toc-toc, toc... Parece que estou nadando!

Olhem, já tenho bracinhos e mãozinhas, com eles farei muita coisa bonita, tenho perninhas e pés que me conduzirão a muitos lugares; serei curiosa, perguntadeira, estudiosa...

Vou ajudar minha mãe e meus irmãos, porque gosto deles e vou perdoar o papai por tudo o que aconteceu lá atrás, mas eu não quero que me abandone novamente; também prometo que não abandonarei meus entes queridos nos momentos de tristeza, como fiz em vidas passadas... É muito doloroso abandonar e ser abandonado!

Ah! Eu vou encontrar o Leandro, preciso cuidar bem dele, porque o fiz sofrer muito na vida passada, ele acabou ficando revoltado e fazendo muita coisa errada, agora preciso auxiliá-lo a curar-se das marcas deixadas no seu perispírito pelos abusos cometidos. Acho que vou me casar com ele, não sei com certeza!

Quero ser professora... Tá tão gostoso aqui! Ei, mãe, amo você! Amo você também papai! Acho que vou dormir um pouco...

Ai! não consigo dormir! Tem uma coisa me incomodando... uma coisa me cutucando... Tá doendo! Onde está minha mãe? O que está acontecendo? Estou perdendo as forças! Não deixa, mãe, estão me espetando; olha mãe, tem uma colher tirando-me do meu bercinho! Socorro!

Acho que estou morrendo... Não entendo, eu nem nasci... Não quero sair, vou lutar, mas não sei como... Estou indefesa! Não quero morrer... Ai, golpearam meu coração! Não quero sair, deixem-me viver, por favor, deixem-me viver!

Que dor! Estou fora do meu bercinho, dói tudo! Até a alma! Dói mais porque eu entendi: minha mãe me matou!

Estou com raiva, muita raiva! Odeio você, dona mãe. Onde fico agora? Para onde vou? Quem é você?

'Sou Josias, seu espírito protetor, você não estará sozinha, assim que parar de sentir raiva dos culpados pelas suas dores, elas passarão, confie em Jesus, ouça esta canção que estão entoando na terra os aprendizes do Evangelho: Pai Celeste, Criador, fonte eterna de bondade, auxilia-nos Senhor....' Ouço vozes, tenho sono, não sei quem sou... Acho que não sou mais Giulia, nem a velha Heloísa! Que sono! Mãe, estas vozes são tão lindas sabe, eu te perdôo; Josias diz que se houver perdão haverá nova oportunidade, que logo saberei muitas coisas que não sei agora... Eu não queria morrer! Josias carrega-me no colo, canta junto com as vozes, acho que vou dormir..."

Clara tinha os olhos marejados de lágrimas, Izilda chorava e Suélen enxugava o pranto com a barra da camiseta:

— Eu entendi, dona Clara — respondeu Izilda — Eu já matei dois, será que eles me perdoarão?

— Perdoarão se você mudar, se você se perdoar e prometer que jamais praticará este ato cruel novamente. Ore por eles, abra seu coração e disponha-se a recebê-los, caso seja conveniente e benéfica a sua vinda, e procure cuidar bem dos seus filhos, auxiliar as crianças sem distinção, e receberá recursos para compensar o que praticou enquanto ignorava a gravidade do que fazia.

— E a Giulia, pra onde foi? — perguntava Suélen, soluçando ainda, totalmente envolvida e emocionada.

— A Giulia adormeceu nos braços de Josias e foi conduzida para um hospital, onde permaneceu em tratamento com passes magnéticos, até que, depois de algum tempo, e de muito ter sofrido com o aborto, Tereza, sua mãe, e Mauro, seu pai, resolveram recebê-la em seu lar. Desta vez acabou tudo bem, mas nem sempre é assim.

Há mães e pais que não reconsideram seu ato e continuam endurecidos, mesmo quando inspirados pelos espíritos iluminados; nestes casos, permanecem marcados na alma, pelo crime cometido, levando esta dívida consigo, quando morrerem, para o plano espiritual. Quando reencarnarem, poderão trazer duras conseqüências, desejando ter filhos e precisando lutar contra estes obstáculos que eles próprios criaram, o que causará ansiedade, dor e sofrimento, para que aprendam a valorizar o que antes desprezaram.

Outras mulheres danificam irreversivelmente o seu útero e, na mesma vida, não conseguem engravidar, tendo oportunidade para compensar sua má ação através de trabalho voluntário com crianças ou da adoção. A responsabilidade é sempre muito grande.

— Será que é por isso que as pessoas que não conseguem ter filhos, quase sempre ganham nenê depois que adotam uma criança?
— pergunta a esperta menina.
— É uma grande possibilidade, pois com o ato amoroso da adoção, muitas bênçãos são atraídas, podendo-se também reparar alguns erros por ventura cometidos, mesmo que não sejam o aborto em si.
— E quando a gente quer, mas não consegue "segurar a barriga", que nem a minha irmã Neide? Óia que já foram três vezes... Não passa de cinco meses e tudo vem abaixo, uma tristeza! — indaga Izilda, interessada em obter uma forma de ajudar a irmã.
— Há muitas hipóteses, mas é possível que sua irmã e o marido tenham desrespeitado esta oportunidade em outras vidas e que os espíritos espontaneamente abortados também não tenham respeitado a própria chance de viver; podem ter sido negligentes com a saúde, podem ter cometido suicídio, enfim, há muitas possibilidades. Mais importante do que saber o que ocorreu é mudar de atitude agora: fazer bem às crianças que tanto precisam de amor e carinho, tratar do seu corpo físico, reequilibrando, através do tratamento indicado pelos médicos, as deficiências adquiridas. É bom procurar ajuda psicológica e espiritual, mas o principal é servir a quem precisa, esquecer-se das próprias limitações e não esperar recompensa.
Clara respirou fundo, olhou para o relógio... Oito horas!
— O tempo passou rápido! A propósito, Izilda, estamos decididas, nada de aborto e eu auxilio você no que for necessário com esta gravidez; converse com o Chico, explique tudo a ele. E também outro aviso: se as crianças faltarem novamente às aulas, serão todos despedidos, com ou sem gravidez!
Ajeite-se, aceite esta criança como uma bênção e todo este mal-estar melhorará; depois, venha ajudar-me porque é meu aniversário e o Tiago chegará na hora do almoço; Márcia virá com as crianças e virão também Cláudia, André e o meu netinho caçula que deve estar lindo!
Dizendo isto, Clara levantou-se e saiu da casa acompanhada por Astor, que a aguardava pacificamente, como imponente guardião, à soleira da porta.

Capítulo Dois

ONDE IMPERA A VIOLÊNCIA

Retornando para casa, Clara passa pelas cocheiras onde latões de leite esperam para ser recolhidos pelo caminhão da cooperativa. Francisco, como de costume, separara o leite para o uso na fazenda: a jarra de Clara; a porção de sua família; o conteúdo destinado para o preparo dos queijos, já acrescidos do coalho; a tigela de Astor. Os empregados contratados faziam a higienização das cocheiras e das ordenhadeiras, enquanto aguardavam a chegada do veterinário, Dr. Ivan, que examinaria as matrizes parideiras e suas crias, como fazia todas as sextas-feiras; hoje deveria demorar-se por mais tempo, revacinaria todo o rebanho contra a febre aftosa, pois a doença corria à larga na região.

— Chico, bom dia! — cumprimentava Clara com a vivacidade que lhe era peculiar.

— Preciso de mais leite hoje, mais ou menos uns cinco litros. Vamos preparar muitos quitutes para a família! Hoje é meu aniversário e todos virão para passar aqui o final de semana! Haja doce de leite!... Ah! quero os cavalos bem ajeitados, senhor Francisco, cascos feitos, banhos tomados, montaria repassada e selas lustradas. Quero tudo impecável.

— Sim senhora, dona Clara — assente Francisco, meneando levemente a cabeça, gesto que a patroa, em atitude diplomática que lhe ensinaram os anos, fingiu não perceber.

— Estive conversando com Izilda; vocês logo terão outro bebê, estou pensando em falar com Tiago e dar-lhe novas atribuições, aumentando-lhe a responsabilidade, para que possa aumentar seu salário.

Como você é da nossa confiança, penso que poderia cuidar da comercialização dos produtos, em vez de contratarmos intermediários.

— Obrigado, dona Clara, às vezes fica difícil dar conta de tudo, embora tenhamos salário, casa e comida.

Clara despede-se do caseiro e, chegando com o leite à cozinha, começa a preparar, com esmero, seu café da manhã, cismada com o sorriso indefinido, um tanto quanto sarcástico, que percebera nos lábios do Chico.

Forra a mesa redonda com uma toalha de linho muito alva, bordada por ela mesma em ponto-cruz, com cálidas rosas vermelhas simetricamente dispostas.

Ferve o leite, passa o café no coador de pano e o aroma se espalha pelo ambiente em convidativo degustar antecipado. Dispõe sobre a mesa a broa de milho, o pão caseiro, a manteiga fresca... o queijo, o mel, algumas frutas da época recém-colhidas no pomar.

Senta-se e ora, pedindo as bênçãos de Deus para os alimentos e para todos os elementos neles contidos sob todas as formas: energia, trabalho, vida:

— Pai, agradeço por estes alimentos presentes nesta mesa agradeço pela semente que germinou, pelo animal que se doou, pela terra que acalentou e nutriu, pelo sol que vivificou, pela lua que brilhou, pelos seres que neles trabalharam. Suplico, Senhor, que sirvam de força para o corpo e para a alma, como lhes serviu a chuva que sobre eles enviaste. Que possam partilhar desta mesa, abundante das Tuas bênçãos, todos os que, pela Tua Divina Providência, aqui chegarem.

Clara começa a servir-se, aspirando o aroma dos alimentos e saboreando-os com prazer, sem gula, sem pressa...

Seu pensamento voa longe, como pássaro que no inverno migra para a primavera de outras paragens, buscando a renovação da existência nas recordações da juventude.

A imagem de Tiago acorre-lhe célere; estavam casados, mas tão distantes... trinta anos juntos e um imenso hiato, nos pensamentos, nos sentimentos, nas atitudes; uma vida de aparências, sem essência. Tinha muita ternura por ele, mas há muito deixara o sonho da união perfeita trancado no baú das desilusões; a paixão fora substituída pela rotina, onde estar distante significava evitar atritos e preservar a liberdade.

Encontraram-se um dia, seus olhares cruzaram-se e, em menos de um ano, as mãos se entrelaçavam em brinde matrimonial e as taças de suas vidas seriam compartilhadas, nos melhores e nos piores momentos; como selo deste contrato trocaram alianças perante um luxuoso altar, sob os olhares coniventes dos que lhes testemunharam as juras eternas. Falar em eternidade para seres humanos tão frágeis que necessitam de leis que lhes regulem os relacionamentos, sob penas e recompensas, é realmente algo extremamente paradoxal.

Deste amor eterno, Clara manteve, como reflexo, a fidelidade. Tiago, bem... eu não poria as mãos no fogo por ele... nada explícito, apenas evidências... mas com os seres em corpos masculinos, a sociedade é mais complacente, mais tolerante, culturalmente mais permissiva.

Casaram-se. Famílias satisfeitas, afinal, ele já formara-se há algum tempo e ela, recém-formada, não *ficaria pra titia*.

Tiago, advogado que, aos trinta e um anos, partilhava de rendosa empresa advocatícia familiar, onde se reuniam "cobras" da jurisprudência nacional, que atendiam, nas mais diversas áreas, as famílias abastadas, ou aos que, em desespero de causa, não mediam sacrifícios para pagar-lhes os altíssimos honorários, com a garantia de noventa e nove por cento de probabilidade de vitória. Especializarase em direito tributário, embora estivesse sendo alvo de olhares promissores no setor de direito internacional, campo minado em que a família ainda não ousara entranhar-se; mas o rapaz tinha muitos cursos realizados no exterior e muitos amigos na carreira diplomática, que o incentivavam cada vez mais em direção ao rompimento das fronteiras geográficas .

Faltava-lhe a respeitabilidade aferida pelo casamento, que naquele momento significava condição *sine qua non* para o sucesso. Porém, a grande indagação era: casar-se com quem? Havia requisitos indispensáveis à pretendente: beleza, sem extravagância; inteligência, sem brilhantismo; cultura, compatível; boa origem familiar; enfim, *pedigree* de campeã.

Clara era neta do cardiologista que atendia ao avô de Tiago, com quem mantinha relações de amizade, além do vínculo profissional. O médico geria seu próprio hospital, que já desfrutava de bom nome e credibilidade perante a clientela crescente.

A neta, aluna do último ano da faculdade de Direito, obtivera, por influência do avô, a função de estagiária na empresa da família de Tiago.

Meia trama estava armada; o restante armariam o véu das ilusões, o empenho dos alcoviteiros, as flechas do Cupido, mas soberanamente a lei de causa e efeito, que ajusta cada um às suas mais prementes necessidades de experimentação.

Clara tinha vinte e dois anos, bonita, alegre, delicada, perspicaz, um tanto afoita, mas nada que não pudesse ser controlado; hábitos refinados e postura reservada qualificavam-na para preencher a vaga disponível de esposa, mas ela almejava profundamente ser juíza: o poder de decidir a fascinava desde menina, conjuntamente com a fúria que a invadia quando presenciava injustiças, tendência esta pouco a pouco domada pelas imposições do bom convívio social. Mas, como tudo que está domado não está transmutado... no âmago de seu ser, continuava indômita.

Sentada àquela mesa, quase trinta anos depois, ela recorda-se da tarde em que, voltando do Fórum, com pastas e mais pastas de processos, aguardava, no saguão, o elevador que a conduziria à sala do pai de Tiago, destinatário dos documentos.

Ela estava eufórica: conseguira o que julgava impossível, porém, bastou-lhe exibir as credenciais com a solicitação do então *chefe* e todas as portas abriram-se com solicitude e rapidez; maravilhava-se com o feito e com a deferência com que fora tratada.

A fascinação era tanta que, mal chegou o elevador, ela foi entrando, sem esperar que saíssem os que lá estavam. Resultado: trombou com Tiago, que, como fulminado por um raio, descia apressado para chamar às contas o funcionário ineficiente que lhe retardava a entrega de documentos por dez minutos: o jovem era extremamente exigente, chegando a tornar-se áspero com os subalternos que cometessem qualquer engano, mesmo involuntário.

O primeiro encontro foi uma *trombada*: voaram papéis, houve risos disfarçados dos espectadores, mas a alquimia do reencontro *"Tiago – Clara"* acontecera naquele momento; os dois passaram a perceber-se; envolveram-se; ela encantou-se, hoje não saberia dizer com o que; ele vislumbrou nela todas as qualidades que arquitetara para sua esposa; houve idílio e, quando perceberam, as famílias estavam com os convites de casamento prontos, igreja escolhida, *buffet* selecionado, apartamento de cobertura comprado... A eles restava casarem-se sob os auspícios do mais promissor porvir.

Casaram-se e começaram a colidir sob o mesmo teto... Aprenderam a desviar-se para tornar mais suaves as colisões, principalmente porque quando os pais, apreensivos, começaram a insinuar a cobrança em relação a um herdeiro, não mencionavam uma herdeira, a gravidez já estava instalada.

Temperamentos fortes, ambos tinham momentos de batalhas renhidas e tréguas de incomensurável paixão.
Laços do destino? Diríamos melhor: misericórdia divina que, pelo dom do esquecimento temporário de encarnações passadas, reúne antigos oponentes em novas experiências para proporcionar-lhes reconciliação.

Café com leite esfriando na xícara, Clara repassava os momentos principais de sua existência; nunca havia perscrutado sua vida, suas emoções, como naquela manhã. Tinha uma sensação estranha de análise, balanço. Como se estivesse absorta, sem envolvimento, ela olhava-se e à própria vida.

Revisou o nascimento dos filhos; derramou lágrimas de ternura ao recordar as emoções mais marcantes; sorriu-se das peripécias e respirou profundamente... Missão cumprida! Márcia e André, herdeiro do nome do avô materno e da vocação da família paterna... Restava agora *curtir* os netos...

Num repente rememorava a cena de Tiago, numa cama da UTI... Duas pontes de safena e a vida por um fio! Como orou naquela manhã, sentindo o imenso carinho que os unia, apesar da dura experiência dos desencontros! Recordava-se de como havia se tornado mais paciente depois de compreender o porquê das muitas vicissitudes enfrentadas. Agradeceu mentalmente à sua grande amiga e confidente, Vera, que a fez conhecer a doutrina espírita, onde encontrara, com lucidez, as respostas e, com amor, a consolação do Evangelho de Jesus sob as luzes da codificação de Kardec.

Tiago tinha apenas quarenta e cinco anos, levantara-se indisposto, mas não se retinha em casa por nada, sempre assoberbado pelas circunstâncias preocupantes das muitas causas que ele abraçava, acrescidas de responsabilidadeda direção e supervisão geral de toda a empresa, após a morte súbita de seu pai, tendo como causa o enfarto fulminante.

Tiago não tirava férias; viajava, às vezes suntuosamente, com Clara e as crianças, então pré-adolescentes, mas não se desligava da empresa. Nos hotéis luxuosos montava um minigabinete... Controlava tudo, telefonava mil vezes, era capaz de dizer a que horas sua secretária almoçara...

Estressava-se, tornava-se cada vez mais agressivo, distante da família. Proibira Clara de exercer a profissão, mas percebendo sua insatisfação e a constante angústia que lhe invadia a alma, terminou por permitir que orientasse juridicamente na assistência social prestada pela casa espírita que freqüentava, contando que não envolvesse o sobrenome da família.

Foram vinte e um dias de internação, muita tensão e muitas oportunidades de transformação; Tiago, abatido pela doença e desligado da empresa, recuperava-se, mas não aceitava de bom grado as limitações que lhe eram impostas; recalcitrava perante a necessidade de tantas mudanças, obstava à resignação, que conduz à readaptação.

Clara perseverou a seu lado, paciente e compreensiva, até que terminou por convencê-lo a residirem na fazenda que, por ser tão próxima, cerca de hora e meia em boa estrada, não o distanciaria muito de seu trabalho, mas lhe permitiria as caminhadas ao ar livre, o aconchego e a serenidade indispensáveis à sua convalescença.

Tiago podia contar com Zeferino, seu fiel motorista, que se colocara à disposição, pois não tinha família que lhe exigisse a presença.

Mudaram-se para a fazenda... Pouco a pouco, Tiago restabelecia-se, e rapidamente deixava-se absorver pelos afazeres da empresa. Começaram as noites em que não regressava à fazenda porque marcara compromissos na manhã seguinte e demorava-se em reuniões noturnas. Havia combinado sua presença três vezes por semana na empresa e, nos outros dias, dedicar-se-ia ao lazer, à vida natural; trato rompido na proporção em que se sentia mais disposto e aumentava-lhe a sensação de que, sem a sua presença, nada correria a contento, mesmo contando com excelentes profissionais adjuntos.

Clara percebia, com tristeza, que o marido não cedera às transformações que se faziam prementes; com grande apreensão viu construir-se o heliporto na fazenda e já prenunciou vôos de emergência; mas Tiago respirava sua profissão, e ela sabia que tirar-lhe esta realização apressar-lhe-ia o desenlace.

Os anos foram passando e a situação estava redefinida: Clara morava na fazenda e Tiago intercalava idas e vindas, muitas vezes retornando apenas nos finais de semana, mas não queria voltar a fixar residência com a mulher na cidade, mesmo porque ela havia se adaptado muito bem àquela vida e cuidava para que as terras de *Canaã* não fenecessem nas mãos de incautos. O pensamento a traz de volta ao presente... oito de outubro.

Era seu aniversário e Tiago viria para o almoço, que, dependendo das circunstâncias em que se envolvesse com o trabalho, poderia confundir-se com o jantar.

Traria consigo um pequeno estojo luxuoso, com alguma jóia preciosa com a qual a contemplaria pela data; Clara recordava-se de todas as correntes, pulseiras, brincos, colares e anéis; todos desfilando à sua frente, marcando eventos queridos, mas que, por segurança, devem permanecer confinados nos cofres das agências bancárias.

Porém, animava-se perante a perspectiva do saudável e alegre final de semana com a família reunida, que em intimidade, desfrutaria momentos de muita felicidade.

— Dona Clara, dona Clara! Posso entrar? — a voz de Izilda interrompe o devaneio.

— Pode sim! Eu estava com o pensamento longe... — responde Clara. — Vamos correr com as providências para receber muito bem a todos."

— Posso tirar a mesa? A senhora nem comeu nada!

— Pode sim! — retruca pegando um caqui da cesta de frutas — Isto basta, por agora! Hum... Que delícia, parece mel!

O corre-corre toma conta da fazenda: quartos sendo preparados, quitutes enchendo o ar com cheiro de curar anorexia; flores nos vasos; gramado varrido!

Quatorze horas e trinta minutos. Clara resolve almoçar, pois Tiago acaba de lhe telefonar, dizendo que se demorará um pouco mais do que o previsto.

Suélen chega correndo e logo vai ao assunto:

— Dona Clara, o pai mandou perguntar se pode ir até a vila com a caminhonete pra fazer umas compras. Ou se o doutor Tiago "vai vir" logo...

— Diga a seu pai que pode ir, o doutor Tiago vai se demorar; mas peça que não se detenha pelos bares! — responde-lhe.

Clara planejava a união familiar festiva, mas Tiago preparava-lhe uma surpresa.

Há muito prometera aos seus clientes uma grande churrascada na fazenda, o que estreitaria laços indispensáveis ao bom nome da empresa e a seu *status* perante à sociedade.

Tiago aproveitaria o ensejo do aniversário da esposa e reuniria todos numa grande e farta comemoração, para a qual contratara serviços de *buffet* altamente especializados, deixando para si mesmo a incumbência de contatar Ananias, dono do único açougue da vila, mas hábil e experiente, para selecionar, abater e retalhar dois ou três garrotes de seu rebanho, preparando o corte das carnes, evitando assim sacrificar animais de sua criação para consumo próprio, o que a esposa qualificaria como crueldade.

Quando Tiago telefonou para Clara, já estava na vila, conversando com Ananias e alguns homens, donos de pequenos estabelecimentos locais, que, com sua simplicidade, abasteciam-lhe a alma de energias reconfortantes. Com eles, o austero advogado relaxava suas tensões, conseguia rir, partilhando um trago de cachaça, que mal lhe descia na garganta, provocando engasgo e tosse, ao que todos reagiam rindo descompromissadamente.

Em meio à conversa, Tiago percebe a caminhonete de sua fazenda estacionar do outro lado da praça e vê que Francisco desce dela, abre a capota e começa a retirar ovos e queijos que entrega numa pequena mercearia.

Tiago enrubesce, os amigos de bate-papo percebem sua perturbação:

— Doutor, que houve? Não está bem? — Pergunta Ananias, com cautela.

— Aquele não é Francisco? Que faz aqui, a esta hora? Deveria estar na fazenda.

— O senhor se esqueceu... — responde Ananias, Ele veio vender seus queijos e ovos na mercearia do Martinho, como sempre faz.

— Tem coisa errada aí! Meus produtos saem direto no caminhão do laticínio e eu não vendo ovos nem queijos na vila! Estão me roubando...

Mal acaba de dizer isto, sai impulsivamente ao encontro do caseiro, sem sequer ouvir as vozes de Lazinho, Ananias e Tibúrcio que recomendavam-lhe calma.

A passos largos, chega rapidamente perto de Francisco, abordando-lhe pelas costas, sem que ele perceba, no momento em que descarregava meio saco de feijão.

Surpreso e atônito, o caseiro, pego em flagrante, gagueja sem conseguir explicar.

Tiago, irado, esbofeteia-o, ofendendo-o publicamente de forma extremamente humilhante, na presença de Márcio, que o acompanhava e fugira assim que desfechado o primeiro soco, e de todos os que se amontoavam na pracinha devido ao grande alarido provocado pela voz forte do advogado.

Num gesto violento, Tiago empurrava Francisco, retirava-lhe as chaves do veículo, entregando-as a Zeferino que, percebendo a confusão, saíra do seu discreto posto de motorista para vir em socorro de seu patrão; em seguida, esbraveja, ordenando a Chico que volte a pé com o covarde filho fujão e que junte sua mudança e a família, deixando a fazenda antes do anoitecer, sob pena de mandar prendê-lo por roubo.

Terminado o incidente, o povo começa a esvaziar a praça, enquanto Tiago é acalmado pelos amigos e Francisco corre em direção a outro ponto da cidadezinha.

Logo Tiago pensa em Clara e sobrevém-lhe a impressão de que precisa dar-lhe proteção e esclarecê-la quanto ao ocorrido; pede a Zeferino que conduza a caminhonete e vem, ele mesmo, dirigindo o seu luxuoso veículo.

Ouvindo o barulho dos automóveis, Clara corre para a porta pensando: "Que coincidência, chegaram juntos!", e acena alegremente para o marido. Quando os veículos aproximam-se, estranha ver Tiago ao volante e, mais ainda quando vê Zeferino, em vez de Francisco, conduzindo a caminhonete. Corre para o carro e abre os braços para receber o marido, interrogando-o com o olhar. Tiago cumprimenta-a, demonstrando estar ainda abalado e irritado com o ocorrido.

Sentando-se na sala, relata à esposa o desagradável incidente, recriminando sua excessiva complacência, mas lhe relevando a ingenuidade.

Clara explica-lhe as condições de vida da família de Francisco, a nova gravidez de Izilda e admite não aprovar, nem justificar, o roubo, mas pede que seja considerada a possibilidade de o caseiro arrepender-se e desfrutar de nova oportunidade; percebe também o significado do sorriso enigmático que notara pela manhã. E ela, que pensava em torná-lo empregado de confiança, estava decepcionada! Antes assim, corta-se o mal pela raiz.

Tiago resiste, mas perante a insistência da mulher, resolve ceder, tocando a campainha que chama Izilda em sua casa, no intento de certificá-la do ocorrido e oferecer-lhes perdão, caso resolvam ser honestos daquele dia em diante. Fazendo isto, abre a sua maleta que repousava sobre o aparador e retira um estojo pequeno, cuidadosamente empacotado:

— Clara, é pouco pela alegria de ter uma mulher como você; parabéns, eu nunca lhe disse, mas não saberia viver sem você... Sinto sua falta quando estou só...

Clara abriu o estojo e, com lágrimas nos olhos, entregou ao marido o gracioso anel de brilhantes, estendendo a mão para que ele o colocasse em seu dedo; pela primeira vez, após muitos anos, voltavam a entender-se pela ternura do olhar.

Izilda contempla embevecida os dois se abraçando, não ousa interrompê-los, pretende retirar-se para a cozinha, mas, descuidadamente, tropeça numa mesinha e o barulho traz os três a uma nova realidade.

Em poucas palavras Tiago relata os fatos, com a grande capacidade de síntese que lhe é peculiar, terminando por perguntar-lhe se ela era conivente com o roubo.

Izilda soluça e chora copiosamente, com as mãos esconde o rosto e responde:

— Eu sabia, sim senhor, mas ninguém pode com o gênio do Chico. Se eu contasse, acabava apanhando... Quando ele bebe, de noite, fica selvagem; depois, o roubo era pouco...

— Pouco ou muito, não importa" — responde Clara. — É roubo.

Depois de dialogarem, Izilda promete jamais acobertar atos semelhantes de quem quer que seja e pede clemência, quando ouvem Chico chamar, do lado de fora, com a voz perceptivelmente transtornada:

— Ô doutô Tiago, preciso falar com o senhor.

Tiago, já disposto a reconsiderar a demissão perante a possível retratação, sai, pela porta da sala, seguido de perto por Clara e Izilda bem atrás.

Enquanto Tiago dirigia-se à fazenda, depois do episódio da praça, Francisco correra para a casa de Zé Primo, seu compadre, padrinho de Suélen, conhecido por sua agressividade e por estar constantemente alcoolizado, provocando confusões, onde recebera péssimos conselhos, saindo de lá com o coração endurecido pela revolta e o pensamento dominado pela vingança para consumar o intento da desforra.

Um bom conselho, uma boa palavra, edificam vidas e salvam almas; os maus conselheiros envenenam a mente e transformam seres sofredores em monstros enraivecidos, incitando encarnados e desencarnados à ira e ao crime.

Neste instante, Francisco fazia-se acompanhar por espíritos grotescos e insanos que se compraziam na antevisão do delito prestes a ser cometido; obsidiavam o infeliz amargurando-lhe o coração e cravando-lhe no cérebro os espinhos da vingança. Em tais condições é impossível receber as benesses da luz e das boas inspirações.

Francisco encontra-se a uns vinte metros da porta, com a espingarda apontada, as mãos trêmulas, os olhos vermelhos, congestionados pela bebida e pelo ódio.

Tiago percebeu a situação, mas não lhe deu o apreço necessário, procurou desviar a atenção do caseiro, expondo-se abertamente, no que foi seguido pelas duas mulheres:

— Chico, abaixa esta arma e vamos conversar, não complique ainda mais as coisas, afinal, o ladrão é você e eu estou disposto... — dizia Tiago, quando o caseiro fez o movimento de engatilhar a espingarda:

— Eu vou matar você, doutô, pra nunca mais botar essas mãos sujas na cara de um homem — responde Chico.

Izilda, percebendo o estado de alienação do seu marido, e conhecendo bem sua agressividade, tenta interpelar, sem obter resultados. Clara pede calma e não é ouvida; a situação torna-se cada vez mais tensa. Quando tudo está para se consumar, na tentativa de dissuadir o marido e dissolver aquele ato de violência, a caseira pula na frente do patrão e corre em direção ao marido, gritando para que ele jogue a espingarda por amor a seus filhos, mas a atitude impulsiva exacerbou os ânimos já alterados e, num total descontrole emocional, ele dispara três vezes, atingindo o peito da esposa, quase à queima-roupa; permanecendo inerte. Atônito, afrouxou os braços, deixou cair a arma e atirou-se ao chão, soltando uivos lancinantes num misto de dor e ódio, batendo compulsivamente a cabeça contra o solo.

Tiago e Zeferino correm em direção ao tresloucado e o imobilizam, evitando que a delinqüência prossiga.

Clara acode Izilda, erguendo sua cabeça junto ao peito, mas ela já não consegue responder aos estímulos; a respiração sôfrega, as forças esvaindo-se copiosamente com o sangue que verte das feridas abertas pelas balas cravadas no peito... O olhar perdido nos olhos marejados da patroa, a boca trêmula.

Clara passa a mão sobre seus cabelos:

— Tem fé, Izilda, perdoa. Obrigada pelo gesto generoso e corajoso, ore comigo, pense em Jesus: "Pai Nosso, que estais no céu, santificado seja o Vosso nome, venha a nós o Vosso reino, seja feita a Vossa vontade, assim na terra como no céu; o pão nosso de cada dia, dai-nos hoje; perdoai as nossas dívidas, assim como nós perdoamos

aos nossos devedores; e não nos deixeis cair em tentação, mas livrai-nos do mal. Porque Vosso é o reino, o poder e a glória para sempre."
— Ela orava e a luz vertia sobre ambas que, no plano da espiritualidade, faziam-se acompanhar por duas entidades em atitude de prece; um jovem alto, resplandecente e uma senhora, que emocionada aguardava a filha no outro lado da vida.

Clara percebeu que a situação era irreversível, acariciou a caseira, orou pedindo paz, tranqüilizou Izilda, que, alguns minutos após a prece do Pai Nosso, suspirou profundamente; duas lágrimas escorreram pelos cantos dos olhos e a cabeça tombou inerte sobre o peito onde já não palpitava o coração.

O jovem espírito iniciou uma série de passes magnéticos visando soltar os laços que a retinham ao corpo físico, terminando por romper o fio de prata, primeiro e último elo a ligar a alma ao corpo.

Izilda, embevecida, não atina com o ocorrido, mas vê o sorriso da mãe e percebe que está em seus braços:

— Mãe, a senhora está comigo? Onde estou, você está viva? Estou sonhando? ...

Dona Idalina ampara a filha:

— Repouse, filha, tudo está bem, você passou por momentos tensos, mas logo sentir-se-á melhor; não pense em nada agora. Este é o nosso bom amigo Tarcísio, que cuidará para que você receba todos os esclarecimentos e cuidados necessários.

— Mãe, a senhora está mais jovem, forte, não se parece com a velhinha cansada e doente... Não compreendo... Meu peito dói... que bom sonhar com a senhora! Onde estão meus filhos?

Tarcísio esboça um largo sorriso:

— Prezada Izilda, logo terá todas as respostas de que necessita, agora você vai repousar um pouco até que seu peito se cure; mantenha-se serena, tudo estará bem com sua família, confie em Jesus. — dizendo isto, ministrou-lhe outra série de passes magnéticos, adormecendo-a; terminada a magnetização, ambos iniciaram a volitação, levando consigo a preciosa companheira, rumo às esferas espirituais onde ela poderia receber tratamento e os esclarecimentos necessários.

Idalina inquiria amavelmente o jovem instrutor:

— Quais são as prescrições para ela?

— Tudo depende do seu nível de aceitação. Deverá permanecer por algum tempo em sono profundo, até que o corpo espiritual se restabeleça do trauma causado pelas balas no campo áurico e na rede energética, depois será despertada e permanecerá no nosso hospital até que possa ser esclarecida sobre os fatos, até que tenha consciência de sua nova condição de vida e possa ser encaminhada a uma de nossas colônias espirituais. — respondia compassivamente o mentor.

Enquanto isso, no plano físico, a agitação segue-se ao desespero dos minutos iniciais. Tiago comunica à polícia local sobre o crime ocorrido, exigindo rápidas providências quanto à prisão, em flagrante, de Francisco. Reconhecendo que nenhum socorro poderia restituir a vida à vítima, mesmo assim pede assistência médica.

Clara recosta a cabeça de Izilda sobre a relva e apressa-se em buscar um cobertor com o qual cobre o corpo, procurando afastar do local os filhos que, percebendo a agitação, aproximaram-se; apenas Márcio permanecia ausente, mas, devido a toda a movimentação, ninguém notara sua ausência.

Logo sirenes cortaram os ares abrindo caminho pela estrada e chegaram à porteira da fazenda as viaturas policiais e a ambulância do hospital municipal.

Um jovem médico desce apressadamente da ambulância, carregando sua maleta de primeiros socorros, enquanto os policiais escancaram as portas dos veículos, descendo de armas em punho.

Decepcionado, o médico constata que nenhum socorro pode prestar à vítima, e o delegado percebe a inutilidade das armas perante a já rendição do criminoso, que chorava descontroladamente, acusando Tiago de provocar a situação e jurando vingança, enquanto é encaminhado para a viatura.

O delegado, velho amigo de Tiago, conversa com ele que, visivelmente abalado, observa as providências tomadas para a remoção do cadáver.

Os vizinhos das fazendas próximas, percebendo a turbulência, dirigem-se para o local, alguns movidos pela curiosidade, outros pelo desejo de auxiliar em alguma dificuldade, mas todos demonstrando grande espanto perante a cena com que se deparavam.

Dona Marta, caseira da fazenda que dividia cerca com a propriedade, palco de tão tristes eventos, dispõe-se a olhar pelas crianças até que os familiares possam assumir esta responsabilidade, no que é apoiada por outras senhoras, que, após identificarem-se ao delegado, obtêm permissão para custodiarem aquelas crianças apavoradas e magoadas, contanto que permaneçam em seus domicílios.

Quando a viatura deixava o local, levando Francisco no banco de trás, algemado e escoltado por dois policiais, Márcio vem se aproximando com os passos incertos de quem abusara do álcool; ao ver o filho, o caseiro grita seu nome e o rapaz olha sem compreender, mas grava bem o brado irado do pai:

— Eu vou pra cadeia, mas você vai vingar a morte de sua mãe.

Márcio corre desesperado e trôpego, em passos sinuosos, até o jardim e ainda consegue acompanhar o recolhimento do corpo para dentro da ambulância, enquanto é informado de que realmente sua mãe falecera; sua mente confunde-se, não consegue ligar os fatos, pela lentidão mental já habitual, agravada pelo álcool e pelo trauma. Tenta agredir Tiago, demonstrando identificá-lo como autor do crime. É contido por Zeferino, mas revolta-se e se desespera, até que alguns vizinhos aproximam-se e se incumbem de esclarecer e tranqüilizar o rapazote, enquanto já lhe chega uma caneca de café amargo trazida por uma destas almas bondosas que sempre estão aptas para prestar auxílio em momentos de tensão.

Pouco a pouco as pessoas deixam o local ensombreado comentando os fatos, enquanto alguns camponeses contratados da fazenda incumbem-se de limpar os vestígios da tragédia.

Clara e Tiago encontram-se a sós na grande sala do casarão, onde à penumbra do entardecer soma-se a terrível angústia que o imprevisto fatalmente impôs aos seus destinos.

A fatalidade... sempre acontece o fatal quando a somatória das probabilidades tem seta indicativa para um determinado desfecho: roubo, agressividade, vingança, embriaguez são passos largos para uma fatalidade dolorosa, que poderia ser modificada pela simples transformação das atitudes; são as nossas próprias ações que nos fazem enveredar por caminhos que nos farão deparar com o desfecho mais provável; é ainda a lei de causa e efeito, de ação e reação, na sua perfeição absoluta, nos seus aspectos mais profundos.

Abraçam-se e as lágrimas escorrem, precisam ser objetivos nestes momentos em que sérias decisões pesam-lhes sobre os ombros, mas o raciocínio turva-se diante da gravidade dos fatos; deixam-se cair sobre o sofá e permanecem em silêncio quando ouvem bater à porta entreaberta.

— Clara, Tiago! Com licença, podemos entrar? — é a voz de Frederico, fazendeiro vizinho, dono do canil onde nascera Astor que, acompanhado de sua esposa, Elvira, fazia-se presente na hora da amargura.

— Queremos auxiliá-los, não é bom que fiquem sozinhos! — acrescentou a mulher com doçura.
O casal acomodou-se na sala, onde começaram a conversar.
Após meia hora de diálogo, as mulheres foram preparar um chá, enquanto os dois homens telefonavam para os convidados, suspendendo a comemoração do aniversário de Clara prevista para o dia seguinte. Frederico justificou-se com os menos íntimos e Tiago conversou com os filhos, que se dispuseram a vir e oferecer o bálsamo de sua presença incondicional.
A noite caiu sobre a cidade e, no brilho pálido da lua minguante e na luz das estrelas que salpicavam o céu, distantes do sofrimento e da dor, repousaram todos em companhia de suas consciências, que lhe permitiram tanta serenidade no sono noturno quanto elas próprias a sentiam perante as responsabilidades sobre as emoções vividas e a sensibilidade à desarmonia gerada pela ignorância das leis do amor e da fraternidade.
Aquele dia seguinte amanheceu como todos os dias que se fazem anunciar por graciosa aurora, mas, apesar do astro rei cintilar radioso espargindo luz e calor, os corações enlutados permaneciam em densa neblina, só perspassada pelos risos inocentes dos filhos de Márcia que, como raios luminosos ou faróis antineblina, transpassavam a névoa da tristeza com a esperança da renovação; Núbia, com onze anos, e Rodrigo, com oito anos, eram incansáveis nas alegres brincadeiras, devolvendo à mãe o trabalho de vigilância constante que ela deu a Clara.
Clara, Tiago e os familiares estiveram unidos como há muito não ocorria, e o plano espiritual, que não desperdiça tempo, nem oportunidades, agia tocando os corações, com fluidos de generosidade, e as mentes, com reflexões transformadoras.
Izilda teve, como corria à boca pequena, o enterro mais bonito da cidade; Tiago e Clara propiciaram-lhe uma despedida repleta de flores, culminando com missa gregoriana de corpo presente, rezada pelos frades beneditinos que mantinham convento, capela e colégio na comarca próxima; cerimônia proporcionou grande comoção aos presentes que, consciente e inconscientemente, enviavam vibrações edificantes para a alma em nova etapa de vida. Ela em seu sono reparador, recebia-as como laivos de luz e paz a fortificar-lhe a alma.
Tiago colocou à disposição da família de Izilda todos os recursos para se fazerem presentes, providenciando, por meio de seus

advogados, para que os avós maternos e o tios, que residiam no interior do Paraná, assumissem a guarda e a tutela das crianças, destinando-lhes o erário necessário para que recebessem roupas, alimentação e educação, provendo-os de acompanhamento, nos termos da lei, para que realmente fossem amparados até sua independência financeira.

Márcio optou por permanecer sob a guarda dos avós paternos, no interior da Bahia, ambos bastante idosos, mas aptos para zelar pelo adolescente que logo cedeu à má índole, atraindo companhias desairosas e vícios que lhe pervertiam mais e mais o caráter. Jovem, impetuoso e nada afeito ao trabalho, dominava os avós que pouco podiam fazer para conter seus abusos, dilapidava a mesada recebida e minava as parcas economias dos anciões.

Suélen pediu muito para ficar com Clara, que, depois de muita prece e muito diálogo, terminou por convencer Tiago a legalizar a tutela; a menina passou a ser sua companheira e, depois de pouco tempo, demonstrava haver superado a dura provação; por vezes sentia saudade dos irmãos e, nas férias escolares, passava algumas semanas em companhia deles. Sua inteligência aguçou-se e, avidamente, procurava, incentivada pela tutora, reparar o tempo perdido na displicência de outrora em relação aos estudos; deixou de ser apenas a herdeira das roupas quase sem uso que Núbia dispensava, porque crescia rapidamente ou por caprichos de menina rica e mimada enjoava-se delas, para ter seu próprio quarto e roupas novas.

Francisco respondia pelo crime, acompanhado pela defesa de uma jovem advogada idealista, contratada por Tiago para tal intento, mas a vingança dominava sua mente, ele rejeitava toda e qualquer ajuda espiritual, todo e qualquer amparo moral. Coração endurecido, guarida para espíritos obsessores ensandecidos, caminho para a demência.

As acusações eram objetivas: homicídio da esposa grávida, premeditado, mas que atingiu o alvo errado; as penas imputadas eram severas, conforme a legislação vigente.

A jovem causídica aconselhava-o inúmeras vezes:

— Demonstre arrependimento, proponha-se a melhorar; a lei não pode conformar-se a você, molde-se a ela; houve um erro grave, que não podemos negar, mas há como atenuar sua pena se você mudar seu comportamento.

Mas o homem permanecia cego às evidências e surdo a qualquer aconselhamento, teimava em gritar com a advogada, chamando-a de incompetente, dizendo-a comprada pelo dinheiro de Tiago, até que a mesma abandonou a causa, deixando-o por conta da justiça pública. Francisco insistia em bradar por vingança e era refratário a qualquer opinião que não fosse a sua. Surpresa com tal atitude, Clara procurava compreender como um trabalhador rural, aparentemente cumpridor de seus deveres, embora por vezes abusasse do trabalho dos filhos, às vezes, fora do horário de trabalho, sendo surpreendido semi-alcoolizado, pudesse comportar-se de forma tão arredia e agressiva. Conversando com as crianças e com alguns parentes foi reunindo informações, conectando-as e concluindo: o Chico é o que denominamos *tirano doméstico*, ou seja, aquela criatura que na convivência social e profissional é boníssima, gentil, amigável, mas que dentro do recôndito sagrado do lar transforma-se em déspota cruel, exigente, invasor psicológico, terrorista mental, agressivo e devastador a ponto de fazer inveja a Átila, rei dos hunos, que por onde passava com seus exércitos arruinava tudo; o exército de um tirano doméstico é composto por raiva, prepotência, luxúria, preguiça, crueldade, chantagem e muitos outros valorosos soldados das trevas que podem ser arrasados se as vítimas silenciosas deixarem de sê-lo, renunciarem à posição de vítimas, negarem-se à submissão e não tiverem receio de trabalhar e construir a própria liberdade, rompendo as cadeias do servilismo. É difícil curar um tirano doméstico, principalmente porque eles não se reconhecem como tal, e, quando têm consciência do desvio, não querem mudar porque isto afere-lhes poder; a cura deste grave desequilíbrio pode tornar-se viável quando não houver vítimas que acobertem o que só ocorre entre quatro paredes. É triste, mas na Terra há milhares destes indivíduos, homens e mulheres, que submetem e escravizam aqueles a quem mais deveriam dispensar amor, mas aos quais acabam dedicando migalhas de afeição, pois após os surtos de violência, o tirano habitualmente desculpa-se ou faz com que você seja útil (para ele, é lógico), ou esboça um sorriso, elogia superficialmente, faz sexo e depois... basta aguardar outro surto. Às vezes a agressividade pode agir em progressão: da agressão verbal à física e desta ao crime. Este parece haver sido o caminho tortuoso de Francisco.

Na prisão o ambiente tornava-se mais propício ao mergulho cada vez mais profundo nas águas lodosas da indignação e da estupidez; as oportunidades que alguns voluntários abnegados traziam de conversão à luz através do Evangelho Redentor do Cristo eram avidamente recebidas por alguns, em cujo coração a dor transformara-se no cadinho regenerador; mas Chico prendera-se ao leito barrento que embotava todo e qualquer bom sentimento. Recusava-se a receber visitas, bania, aos berros, os amigos que tentavam aproximar-se e preenchia o ar de impropérios e blasfêmias cada vez que ouvia falar de Deus e do amor. Estas setas envenenadas voltavam-se todas contra ele mesmo, tirando-lhe totalmente o sossego e a capacidade de raciocínio.

Chegou o dia aprazado para o julgamento e o réu, com tantos agravantes, foi condenado.

Não suportou a derrota, debateu-se em raiva e, seduzido por inspirações de espíritos maléficos, unidos a velhos cobradores do passado, suicidou-se enforcado com farrapos da própria roupa, pendurando-se no soquete da lâmpada que iluminava a cela úmida e suja, perante a anuência do silêncio cúmplice dos companheiros de desdita.

Há falta do amor de Jesus nos presídios, a seara é grande, os obreiros são poucos e mais raros ainda os que têm suficiente plenitude do Cristo para tornarem-se aptos a tão edificante tarefa: ser luz nas trevas.

Francisco julgava estar pondo fim a seu sofrimento, mas logo sobreveio-lhe a mais dura decepção: não fora recebido pela pacificação do vazio, nem pela tranqüilidade da certeza da missão cumprida. Mal fechara os olhos para o mundo da matéria, após a terrível agonia do sufocamento, estava desperto em uma prisão aterrorizante... Despertara num umbral tenebroso, onde se localiza um dos muitos vales de suicidas, vales estes cercados por altas montanhas, cobertos por densas nuvens formadas pelas emanações da revolta e do ódio, do pior ódio, aquele que atinge a própria vida; redes magnéticas, qual cercas eletrificadas, desferem tremendos choques elétricos aos que delas tentam se aproximar, mas, ao contrário do que ocorre na Terra, estes choques não matam; causam dor, mas não matam. Muitos aí chamam pela morte, mas ela não vem... Remoem-se em aflições, em raiva; tramam vingança, querem reencontrar os alvos de seus afetos e desafetos, mas não conseguem. Estão detidos na aura da própria escuridão em que se engalfinham pelo baixo teor vibratório de seus pensamentos e sentimentos.

Sentem fome, sede... Roubam o pão embolorado uns dos outros, passam pelos aguilhões da dependência do álcool, do fumo e das drogas, fazem sexo como réprobos dementes... Este é um pequeno aspecto de um dos umbrais para onde vão as almas dos que tiram a própria vida nos presídios. Para lá foi magneticamente conduzido Francisco pelos seus obsessores, que vitoriosamente comemoravam o bom êxito; os mensageiros da luz nada podiam fazer neste momento, senão iluminar, sem que o desencarnante pudesse enxergar a luminosidade tão próxima; bastaria uma prece, um grito de socorro, um bom sentimento; bastaria lembrar-se de Jesus, e tudo seria diferente. A obstinação retém na escuridão, mas a luz é perseverante. De quando em quando, caminham por estes vales ermos as caravanas dos emissários do amor, resgatando almas que, nos momentos supremos de dor e degradação, recordam-se da existência de um Pai celestial e clamam por ele; outros, em flashes de lucidez, percebem a nobre procissão da luz entoando hinos de louvor a Deus e correm em sua direção, sendo resgatados por redes energéticas. Há um verdadeiro exército benigno de almas dedicadas, que trabalham incessantemente nos umbrais da escravidão.

Este é apenas um dos vales de suicidas. Há muitos outros, como os destinados aos que tiram sua própria vida por não suportarem a perda da pessoa amada; matam-se por apego e dizem fazê-lo por amor; por vezes almejam que a morte os conduza ao encontro de quem, na hora propícia, deixou a vida terrena. Puro engodo: caminharão na aparente eternidade do tempo que está entre a inconsciência e a conscientização do erro, por estradas sem fim destes vales lúgubres, procurando sem encontrar, com a saudade a sangrar-lhes os corações.

Há os vales em que se amontoam os suicidas indiretos, aqueles que sabem que o fumo lhes corrói os pulmões e continuam a fumar incontroladamente; os que se prendem ao alcoolismo, às drogas, ao desleixo para com a saúde; os compulsivos e os atrevidos que se expõem a riscos desnecessários.

Há uma grande organização em meio ao aparente caos, como nos disse Jesus: *"nenhum dos vossos cabelos cai sem o consentimento do Pai"*; o livre-arbítrio é dádiva divina que traz o semeador à sua colheita, até que aprenda a semear a boa semente.

Ao escoar dos dias a vida retoma seu ritmo normal, as pessoas absorvem o impacto das experiências traumatizantes das mais variadas formas e passam à renovação de seus caminhos, beneficiados pela ação regeneradora do tempo.

As semanas passam formando meses e estes se ajustam em anos... Decorrem-se quase sete anos e as marcas indeléveis perpetuam-se como leves cicatrizes escondidas que não incomodam; novas flores se abriram no Jardim de Deus... Alguns nasceram, outros cresceram e multiplicaram-se, como também se morre no fluxo cíclico da vida em que mais um setênio escoou.

Capítulo Três

PRECIOSAS
INSTRUÇÕES

Nas paragens dos planos espirituais não existe repouso; tudo é constante atividade evolutiva, onde uns se conciliam na tarefa de auxílio ao próximo, nas suas mais diversas necessidades; outros reconciliam-se consigo mesmo e buscam ensinamentos para o efetivo retorno à vida na Terra. Sete anos transcorreram...

Estamos em local bastante iluminado, onde a relva macia, aquecida pelos raios solares, abriga pequeninas flores em que pousam borboletas saltitantes e gráceis em seu multicolor revoar.

De quando em quando, árvores frondosas oferecem sua sombra a grupos de almas que se entretêm a dialogar, enquanto outros isolam-se em concentrada leitura; ao longe, avista-se esmerada construção de acabamento marmóreo, em cujo frontispício lê-se em letras douradas: *Colégio Preparatório para Servidores do Cristo.*

Grande movimento de vaivém envolve dezenas de pessoas; aproximemo-nos para observar o diálogo de duas senhoras que, carregando cuidadosamente seus cadernos e livros, sobem calmamente a escadaria:

— Faltam poucos dias para concluirmos nosso treinamento básico e logo seremos chamadas para estágios — dizia Lúcia, sorridente.

— Às vezes chego a temer por este momento — retruca Izilda.

Sim, é a nossa antiga caseira, Izilda, que, restabelecida do trauma que lhe arrebatou a existência física, prepara-se para galgar novas etapas.

— Por que temer? Não quer trabalhar? — pergunta, intrigada, a amiga, que não consegue disfarçar seu sotaque português.

— O que mais quero é trabalhar, porém, há alguns meses fui informada da triste condição que mantém Francisco aprisionado no vale dos suicidas. Pedi ao nosso instrutor que me permitisse estagiar com o Irmão Durval, junto às caravanas de socorro, mas não obtive resposta. — Izilda responde, expressando-se de forma correta e concisa, como conseqüência de sua dedicação aos estudos.

— Não tema! O que mais pode ocorrer, senão ouvir a negativa? E o gajo, lá, será socorrido por alguma equipe de resgate, assim que esteja disposto a se transformar!

— É isto o que me incomoda, pois o infeliz recusa-se a receber auxílio, parece dementado, mas, em momentos de lucidez, chama por mim, entremeando a revolta profunda aos pedidos de socorro.

— Se são tais os clamores, com certeza te concederão ir ter com ele.

O diálogo prossegue, abordando possibilidades e demonstrando o quanto de conhecimentos as duas senhoras simples obtiveram em período relativamente curto de aprendizado no plano espiritual.

O tempo, em outras dimensões da vida, não transcorre linearmente, mas em sincronicidade e simultaneidade.

A passos leves e lépidos, as duas senhoras, juntamente com algumas dezenas de pessoas, vencem os degraus da alva escadaria de alabastro, sendo recebidas num imenso salão onde focos de luz azulada iluminavam o ambiente, transformando-o num local de aprazível receptividade.

À porta do saguão, gentis servidores, em seu trajes de linho branco, indicam, sorridentes, a cada um, o seu caminho, pois muitas e diversas aulas aconteciam concomitantemente, como ocorre nas nossas universidades.

Lúcia e Izilda dirigem-se para um salão amplo, onde suave melodia percorre o ar perfumado por generoso incenso de rosas.

As cadeiras, muito brancas, estofadas e aconchegantes, a iluminação em tênues matizes de rosa e violeta, o silêncio profundo das almas que lá estavam, criam clima propício ao recolhimento e ao aprendizado.

No painel, iluminado por focos de luz alaranjada, o tema da noite: *Reflexões sobre a vida na Terra*; Palestrante: *Christine, de Bênção da Paz.*

Conforme o tempo transcorria, os presentes aprofundavam-se em relaxamento e despertavam para níveis de consciência que lhes ampliavam a capacidade perceptiva e cognitiva.

Preciosas Instruções

Pontualmente, o palco é entrecortado por raios de luz violeta que pouco a pouco são jorrados para todas as direções, como potentes *lasers* transmutadores; acordes harmoniosos convidam as almas à elevação e o badalo de mil sinos evoca a presença de anjos.

Irmã Christine e Irmão Gustav, queridos diretores responsáveis por toda a área de saúde da colônia de Bênção da Paz, surgem amorosos e nobres.

Imediatamente a melodia se faz em *off*, e a voz firme e serena do Irmão, cuja presença enleva em preciosa surpresa os corações, inicia a prece:

— *Senhor Jesus, Mestre dos mestres, Tu que nos destes o sopro, o alento, a luz...*

Tu, que conheces as nossas almas desde todo o sempre,
Tu que percorreste estes caminhos pedregosos da Terra e, dos umbrais da Terra, em todas as dimensões,
Tu, que és Amor-Sabedoria, o Alfa e o Ômega

Concede-nos a humildade para que possamos reconhecer o amor que brilha sobre nós e dá-nos a purificação necessária para que nossos veículos suportem e irradiem a luz do Teu olhar, a força de Teu Verbo e a Paz da Tua Presença.

Divino Mestre, permite que das esferas harmoniosas, Espíritos de luz vertam sobre nós os fluidos do entendimento, da justiça, da paciência, da fortaleza e da piedade; que em Teu Divino Nome jorrem os aromas curadores da fé, da esperança e da caridade.

Rabi, que do centro do Teu coração amoroso possamos receber, neste ambiente, a doçura da Tua Divina Presença, e que esta Presença seja o Caminho, a Verdade, a Vida que nos eleva à presença do Pai Altíssimo. Que a Tua justiça, que é misericórdia, jorre sobre toda a humanidade: envia-nos a luz da misericórdia!

Imensos fachos de luz branca percorrem o ambiente, do teto ao chão, envolvendo-o em suave transparência permeada por aromas sutis e sons de extrema delicadeza; as auras dos presentes sutilizam-se, as mentes elevam-se e as emoções vertem pelos olhos em puras gotas orvalhadas pelos nobres sentimentos.

O silêncio profundo reina por alguns minutos, e a voz de Gustav fez-se ouvir novamente, enriquecida pelos momentos de êxtase:

— *Gratos, Senhor, pela oportunidade de sermos nutridos por tão preciosas benesses.*

Que esta gratidão possa manifestar-se em obediência à Tua lei divina no cumprimento perseverante do nosso dever. Que todos os corações que, neste local, se preparam para o retorno às lides da carne, possam ser acolhidos nos braços amorosos de Maria de Nazareth e protegidos constantemente pelo manto azul das Suas graças. Que a Terra seja abençoada como dedicada mãe que gesta em seu seio os espíritos em evolução e como sábia educadora acolhe e ensina, oferecendo a cada um possibilidades de acordo com suas necessidades.

Gratos, Pai, pela experiência, suplicamos a dádiva de aprendermos, nesta noite, através da iluminação direta de nossas mentes e de nossos corações.

E cruzando os braços ao peito, em atitude de respeitosa reverência, encerra:

"— Baruch ata Adonai, shômea tefilá. — que quer dizer: — *Bendito seja Deus, que atende as minhas súplicas.*

O ar povoa-se de minúsculas partículas róseas, brilhantes, em vários tons, que numa leveza alegre parecem dançar no ar ao som de animada sinfonia cósmica.

Mais alguns segundos e este estado de ânimo permeado de felicidade e alegria aguça a vontade de ouvir e aprender e, quando a vibração atinge o clímax da receptividade, a voz de Gustav soma-se à grande harmonia e destaca-se assumindo o solo:

— É muito bom estarmos reunidos em momento dedicado à introspecção e ao conhecimento. Sei que todos vocês dedicaram-se muito aos estudos e prepararam-se com esmero, durante alguns anos, para assumir tarefas edificantes, em benefício da própria evolução e em auxílio aos irmãos mais necessitados de amor e de luz.

Hoje se encerra preciosa etapa e inicia-se a aplicação prática e direta dos reconhecimentos adquiridos. Christine e eu, em nome da colônia Bênção da Paz, agradecemos a todos por sermos escolhidos e designados como seus tutores nesta etapa que se inicia.

Alguns voltarão brevemente às lides da encarnação e para isto estarão sendo encaminhados ao departamento de planejamento e coordenação de experiências reencarnatórias, sob a tutela direta de nossos mensageiros até que possam cumprir todas as etapas previstas para a reencarnação; durante toda a sua nova vida na Terra serão acompanhados e inspirados por nossos instrutores e amigos; posso até dizer que seremos seus "anjos da guarda".

Outros, necessitando permanecer por mais algum tempo em níveis extracorpóreos, terão seus perispíritos preparados para estagiar, trabalhar ou estudar nas áreas adequadas da Bênção da Paz, sob orientação de nossos instrutores.

As listas de classificação e designação estarão disponíveis ao término desta atividade; procuramos atender à solicitação de todos, dentro de suas reais possibilidades; nossos plantonistas estarão à disposição dos amigos que necessitarem elucidações; pedimos aos que se sentirem contrariados em suas expectativas que busquem, no silêncio, respostas profundas, mas que procurem aceitar, agradecer e cumprir com o que lhes é proposto, pois os passos de cada um foram cuidadosamente analisados por irmãos cujas almas, imbuídas do amor do Cristo, sabem mais, ouvem mais, vêem mais, ousam mais e calam mais do que nós, por isso, são movidos por sabedoria e compaixão.

Aos que se revoltarem ou exigirem, por misericórdia, ser-lhes-á oferecido o silêncio e a estagnação no patamar em que se encontram para que possam desenvolver melhor suas aptidões.

Deixo-os agora com as palavras de Christine, para que possam mergulhar na energia do novo portal que se descortina para cada um.

    Dizendo isto, aproxima-se da palestrante que, sentada, usufrui das bênçãos derramadas no local; estendendo-lhe a mão, a conduziu até a tribuna.
    Christine sorri com meiguice e, com o olhar penetrante que lhe é peculiar, parece sondar cada um, buscando sintonia:

    — Amigos, com tantas dádivas já recebidas, penso que somos imensamente privilegiados...

Imagino a quantidade de seres que, por suas próprias escolhas, têm limites que os impedem de ver, ouvir e sentir este amor infinito que nos circunda com possibilidades cada vez mais amplas de evolução.
Imagino como é grande o nosso Pai, que está acima e além; onipresente, onisciente e onipotente, em cada mícron, em cada fração, em cada ser... Porque Ele É... inconcebível, inominável, mas sensível por todos nós, suas pequeninas criaturas, através do amor.
Hoje, nossos corações se alegram porque, com nossos estudos e nossos esforços no aprimoramento pessoal e na autotransformação, conseguimos nos tornar um pouco mais permeáveis a este Amor... E, quando todo o nosso ser for permeável ao amor divino, seremos luz e poderemos contemplar a magnitude da Vida.
Agora, ainda opalescidos por tanto egoísmo e vaidade, devemos agradecer aos nossos preceptores espirituais que nos guiam nas noites escuras de nossas almas, e a Jesus, nosso eterno Mestre, que, por infinito Amor, fez-Se luz para nossos olhos e tornou-Se, para nós, Caminho, Verdade e Vida.
O ser humano está vivendo experiências na Terra para que possa iluminar-se; para tal, é preciso ampliar mais e mais a consciência de: "Quem somos?", "De onde viemos?", "Para que viemos?", "Onde estamos?", "Para onde vamos?"
Se dissiparmos a ignorância das leis divinas, a ignorância sobre a origem e o destino dos seres, a ignorância que aprisiona as mentes na culpa e no medo; transcenderemos limites e não haverá necessidade de dor e sofrimento... As trevas serão absorvidas por si mesmo e o verbo soará novamente: *"Faça-se a Luz..."* e, como o trovão irrompe no Oriente e se faz ver no Ocidente, o véu se rasgará e o sol da verdade, o Cristo, brilhará!
Como é maravilhosa a Criação... e nós somos esta Criação, somos seres senscientes, compostos de veículos de manifestação, *corpos*, que nos permitem evoluir, reciclar, equilibrar, refazer, dentro da perfeita justiça que se exprime como lei de causa e efeito, ação e reação.

Dispomos de encarnações onde podemos interagir, com a natureza e os outros seres de todas as espécies, através de corpos físicos, sustentados por energia etérica, que os molda; corpos físicos cujo funcionamento, como vocês aprenderam nas aulas de anatomia e fisiologia, é perfeito e harmonioso, mas altamente prejudicado pela irresponsabilidade que exibimos em relação à sua saúde.

Possuímos emoções, um corpo de emoções, capaz de abranger os mais nobres sentimentos; mas constantemente vemo-nos depravados nas mais sórdidas reações.

A nossa mente é maravilhosa e, para expressá-la, temos um aparelho perfeito, chamado cérebro; mas, deixamo-nos levar por pensamentos egocêntricos, mesquinhos e perversos, que só permitem à humanidade o desenvolvimento e a utilização de, no máximo, 8% da capacidade deste magnífico computador.

Enquanto ela falava, painéis luminosos mostravam figuras compatíveis com a explanação.

— Vocês estudaram, por algum tempo, todas estas manifestações e, hoje, eu estou aqui, para que possamos, através de profunda reflexão, nos classificar, nos situar neste processo de vida ao nível da Terra.

Falamos em classificar porque a nossa mente analítica precisa ainda discriminar, separar, encaixar...

Na Terra há uma convivência de dimensões que se permeiam; a maioria dos seres humanos que vivem no planeta está consciente apenas do nível classificado como tridimensional e, neste nível, convivem agrupados em reinos, que vocês já estudaram com detalhes. Recordando:

1) *Reino Mineral*: composto pelos minérios, as pedras. Estes seres possuem matéria física-etérica como veículo de expressão;

2) *Reino Vegetal*: composto pelas plantas das mais diversas espécies. São seres que, além da matéria física-

etérica, possuem emoções, são sensíveis aos sentimentos e reagem a eles;

3) *Reino Animal*: composto pelos animais de todas as espécies e raças conhecidas e embrionárias na Terra. Possuem um corpo físico-etérico, emoções e também desenvolvem capacidade mental conforme a evolução das espécies; podem arquitetar planos, desenvolver respostas, são treináveis; têm alma grupal e desenvolvem instintos;

4) *Reino Hominal*: são os seres humanos, que, além das características atribuídas aos animais, têm uma alma individual e passam a ser dotados de intuição; são seres espirituais, cuja centelha divina se exprime como consciência eterna.

Sei que os professores deste colégio esmeraram-se em transmitir todo o ensinamento cabível, referente a cada um destes tópicos, e sei também que dedicados instrutores partilharam com vocês vivências e exercícios para que este conhecimento fosse incorporado aos seus arquivos, no corpo causal. Sendo assim, será mais fácil recordar quando estiverem novamente encarnados.

Quero porém, meus amigos, alçar vôo para outras paragens... À luz da alma, quero refletir com vocês...

Quando penso nos seres humanos que vivem na Terra: ...

Olhem, há seres humanos que parecem pedras! Tudo bem, se fossem pedras! Serviriam para as construções, para os pisos; poderiam ser cristais, estar a serviço da luz... mas são "homens-pedra", cujos corações endurecidos ferem e machucam, aprisionam-se e aprisionam os semelhantes nas muralhas da soberba, do despotismo. Vocês conheceram seres humanos que são pedras? Os umbrais estão repletos deles... A Terra está repleta deles: seres que dizem "*não*" pelo simples prazer de negar, de limitar, de causar empecilho; seres que sangram os pés dos que caminham descalços na estrada da vida.

Vocês não conhecem seres assim? E nós, o quanto ainda somos "humanos-pedras"? Antes fôssemos simplesmente pedras duras, rochas firmes de construção, do que "homens-pedras", duros de coração; homens de dura cerviz...
Mas um dia, como na pedreira, chega a britadeira, chegam os explosivos, e a pedra de tropeço voa pelos ares... Para o "homem-pedra", chega a dor profunda, o sofrimento atroz, que lhe rompe a rocha do coração endurecido: um filho doente, um grave acidente, a infidelidade, a queda financeira... É a justiça divina que faz colher no presente as semeaduras do passado. Castigo? Não. Resgate, oportunidade, purificação.
A Terra, esplêndida em sua natureza e farta na germinação das sementes, apresenta flora generosa em matizes e aromas.
Seres vegetais, que tendo um corpo emocional reativo às vibrações recebidas, crescem buscando o sol que os nutre tanto em nível físico como no das emoções.
Vocês participaram de várias excursões no planeta, onde puderam analisar sua extrema sensibilidade ao amor e à harmonia, que as fazem viçosas; mas também puderam pesquisar os efeitos do desafeto, da inveja, da ganância sobre seus níveis, desde os mais superficiais, como nas folhas, até na profundidade das raízes: um "olho mau" pode fazer secar uma bela samambaia em questão de poucas horas; num ambiente em que as pessoas cultivam as mágoas, a melancolia, as violetas apodrecem pela raiz...
As plantas reagem ao que sentem... só reagem, não agem; além do que, precisam sempre ser cuidadas: sol demais, queima; sol de menos, não floresce; com água demais, afogam-se, água de menos, morrem de sede... Precisam de proteção, dependem da harmonia da natureza ou dos seres humanos para sobreviver, e repetem sempre o mesmo padrão.
Isto é justo para o reino vegetal; porém, no reino considerado humano, há verdadeiros seres vegetais... que vegetam, reagem como plantas. Ficam magoados,

ressentidos; exigem atenção constante e privilégios em tudo, como florzinhas de estufa.

Há seres humanos que se tornam tão dependentes de tudo que acabam responsabilizando os familiares, os amigos, as intempéries por tudo o que lhes acontece; não assumem nada, são omissos.

São especialistas em *culpa*: ou sentem-se culpados e acabam se afogando no remorso, ou prendem os outros nos tentáculos da chantagem emocional; alguns são verdadeiros "parasitas" que grudam, sugam e acabam, às vezes, por sufocar o tronco que os nutre e sustenta.

Querem um exemplo?

Quantas vezes vocês já viram na Terra aquela "mãe-vegetal", que impede os filhos de crescer e se libertar? Aquela mãe que sabe da ansiedade com que a sua filha jovem aguardou, por toda a semana, a chegada do sábado à noite, para... Bem, para sair com as amigas e talvez reencontrar aquele belo rapaz que lhe fizera a corte e de quem ela efusivamente comentou com a mãe...

Até o sábado pela hora do almoço, tudo bem... Mas, após a refeição, a mãe começa a sentir uma ligeira dor de cabeça. A filha, que já conhece as artimanhas da mãe, "treme nas bases", e começa a rezar: " — Minha Santa Rita de Cássia, por favor! Enxaqueca da mamãe, hoje, não."

Mas, a dor de cabeça foi evoluindo, mesmo porque não tem Santa Rita, nem santo algum, que cure um "ser humano planta", simplesmente por que ele não quer ser curado, pois sadio deixará de ser o foco das atenções e perderá suas armas.

Cai a tarde e o sol começa a se pôr, magnífico no horizonte, tingindo o céu de alaranjado, prometendo uma noite de temperatura amena, que possibilitará à jovem vestir exatamente a roupa com que se sentia mais atraente; todos os preparativos estavam concluídos: cabelos arrumados com esmero, muita expectativa...

Dezenove horas... Falta apenas uma hora, só uma horinha, de sessenta minutos, para que o pai de Selma, sua melhor amiga, dê uma breve buzinada à sua porta e ela saia, como um rojão, sem a menor preocupação com os saltos altos... Mas, exatamente nesta hora, a dor de cabeça da "dona plantinha" piora, e piora muito! Ela precisa recolher-se no quarto escuro. Pede à filha um chá, com mais um comprimido... A filha acha excessiva a dose de analgésicos, mas a mãe insiste (mal sabe a menina que o destino dos anteriores foi o vaso sanitário).
A mãe reclama pela demora do chá; ela está quase morrendo! E a filha ainda não conseguiu fechar o colar de pérolas...
Dezenove horas e cinqüenta minutos; a mãe chama a filha:
"Marisa, já está na hora de você sair?"
"Faltam dez minutos, e o pai de Selma costuma ser pontual replica a menina.
"Venha até aqui, filhinha."
A jovem aquiesce ao pedido e senta-se ao pé da cama da mãe que estremece, pois a sua enxaqueca está tão forte, tão forte, que o simples abalo promovido no colchão pelo ato de uma jovem de cinqüenta quilos sentar-se, revirou-lhe o cérebro (isto ocorre com quem tem **miolos frouxos**)...
"Vai filhinha; vai passear, divirta-se bastante, não se preocupe comigo! Esta enxaqueca promete ser uma das piores... o estômago está enjoando; deixe um balde aqui, antes de sair. Vou repetir, não se preocupe, se eu precisar de socorro, peço à vizinha; se eu não conseguir telefonar, eu me arrasto até a porta e grito... Vai tranqüila, filhinha..."
"Mãe-planta", chantagista — termina por perguntar — E vocês, na Terra, quantas vezes agiram como plantas? Quando seus maridos combinavam aquela pescaria e vocês, na hora de se despedirem, diziam:
"Boa pescaria, divirta-se com os amigos, e já que prefere estar com eles, não estranhe se, ao voltar eu não estiver aqui..."

Ou vocês, homens, enciumados, competem com o trabalho de suas esposas; com a reunião de amigas (aquela reunião anual das ex-alunas...), reclamam e exigem mais e mais desde que elas permaneçam à sua disposição.
Enfim, há seres-humanos, que, antes fossem árvores frondosas e abrigassem os ninhos dos passarinhos, e dessem sombra aos transeuntes; porém, como são "homens-plantas" e "mulheres-florzinhas", um dia afogar-se-ão ou secarão, basta que não haja mais quem os regue e os sustente em sua chantagem; basta que não provoquem mais o sentimento de culpa no coração de quem lhes compartilha a existência.
Estes seres-plantas chegam aqui, no outro lado da existência, como seres fragilizados, apegados, chorosos, limosos... Seres que querem permanecer "grudados" aos familiares que continuam na lide da encarnação, obsediando-os; ou, ao contrário, encarnados que, por serem "vegetais" obsediam e prendem na astralidade aqueles que se libertam dos laços da vida corpórea. Mendigos de afeto! Filhos de Deus, mendigando migalhas... Quanta mesquinhez! Quanta ignorância... Quanto sofrimento para você e para os que o circundam!
E você, irmão, será que ainda reage como planta? Conscientize-se e mude, agora...

Christine respira profundamente e percebe, no silêncio profundo e na atuação dos fluidos espirituais jorrados, a comoção interna provocada pelas reminiscências dos deploráveis nódulos causados pelos apegos ao que é transitório e precisa fluir.

— O terceiro reino que habita a Terra é o reino animal, composto por extensa fauna das mais diversas categorias, espécies e raças. Temos animais singrando os ares a todas as altitudes, mas também os temos nas profundezas dos oceanos e nas correntezas dos rios; nas matas e nos lares. É uma diversidade exuberante, com capacidades peculiares, desde o inseto até os que estão prestes a cruzar o portal das manifestações como "alma-grupo", criando a individualidade no nível da alma. Vamos manter a nossa atenção voltada para os animais que possuem, de modo mais ou menos incipiente, um sistema neurológico e um cérebro que possam aferir-lhes capacidade cognitiva que os classifiquem como racionais e não apenas instintivos.

Estes seres são capazes de desenvolver a lógica, o raciocínio, podem ser adestrados porque são capazes de associação, ou seja, podem generalizar, podem premeditar situações para obter a resposta desejada. O nível de inteligência é suficiente para tramarem, articularem planos, como o cachorrinho que, ao ser deixado sozinho, faz desaforos (desenrola o papel higiênico, faz xixi no tapete), ou seja, desafia. Um cão ou um gato "sabe" exatamente o ponto fraco de seus donos. Sua função mental os leva a traçar planos com o objetivo de conquistar o que almejam.

Há seres humanos cuja característica mental está muito próxima à que os animais têm: são frios e calculistas, normalmente seu paradigma é o de que os fins justificam os meios. O animal usa a totalidade das suas possibilidades (não é frio, é pura manifestação, sem conflito), o ser "humano-animal" extrapola: manifesta o egoísmo e o egocentrismo; direciona intencionalmente os fatos e as circunstâncias para obter vantagens; quando forte, usa os mais fracos para se projetar, ou como escudo; quando fraco, é ardiloso e faz da covardia o apogeu da traição, da calúnia e da maledicência; o denominador comum é a trama, a armação, o "não dar ponto sem nó".

O "homem-animal" é o que se vinga, é aquele capaz de vivenciar profundamente o ignóbil dito popular: "vingança é um prato que se come frio". O "homem-animal" está sempre pronto para dizer: "bem-feito"; "eu sabia que ia dar nisso"... Mesmo porque, ele sempre sabe tudo, depois que aconteceu, mas nunca está disposto a ouvir, auxiliar, prevenir um irmão em situação dolorosa.

E eu posso lhes dizer: um dia, este prato ser-lhe-á indigesto, e todo o seu organismo estará intoxicado, às vezes fatalmente, e este irmão será como que encurrala-

do num "beco sem saída", preso à própria teia, acorrentado às suas próprias cadeias, perdido num labirinto de mentiras, atordoado e confuso...
Quantos de nós há na Terra, e nos umbrais da Terra, ainda presos aos elos da vingança, seres que pouco a pouco mergulham na escuridão viciosa dos pensamentos belicosos; seres que poderiam se libertar e resplandecer à luz do perdão, que é uma faculdade disponível ao ser humano; pois o homem, além deste corpo mental, que partilha com os animais, é um ser espiritual. Lembrem-se: um "homem-animal" não tem amigos, tem cúmplices, com os quais partilha interesses; a amizade é uma dádiva celeste.
Nós, seres humanos, somos centelhas de luz, espíritos suscetíveis de perfectibilidade. Caso não o fôssemos, Jesus não teria instruído: *"Sede perfeitos!"*
Somos seres capazes de amar, de vivenciar o Amor-Sabedoria, que é incondicional, perene e pleno; somos seres instruídos pelo Mestre dos Mestres a *"Amar ao próximo como a si mesmo, fazer o bem aos que nos odeiam e perseguem."*
Onde está adormecida esta centelha de infinita Paz em nossas almas?
Se queremos vidas mais felizes, se almejamos esta harmonia, é preciso desvelar a centelha, é preciso reencontrar-se com o Criador e a magnificência do Seu Amor; é preciso humildade e autoconhecimento.
Em nome desta felicidade, que desejamos para nós mesmos; em nome da paz que almejamos levar aos nossos entes queridos; em nome de suas consciências e perante elas, eu os convido: Examinem-se!
O quanto ainda se é pedra, planta ou animal... É preciso conscientizar para transmutar.
Os próximos momentos serão de extremo silêncio e de muita iluminação espiritual; cada um terá todos os recursos de que necessitar para a introspecção, haverá auxílio para todos os que assim o desejarem; este passo é fundamental no prosseguimento da caminhada. Examinem-se.

Christine sorriu compassiva e retirou-se em profundo respeito à grandiosidade do momento.

Tudo silenciou e as consciências desabrocharam em divina sintonia com o propósito abençoado.

Capítulo Quatro

REDENÇÃO

Concluída a palestra, os alunos, renovados pela reflexão profunda e imbuídos pelo propósito da mais amorosa regeneração, deixam o salão em direção ao centro de orientação, onde recebem instruções sobre seus próximos passos.

Lúcia e Izilda levantam-se de suas cadeiras e, caminham, comentando as benesses recebidas e manifestando curiosidade sobre o futuro aprendizado.

— Parece que concluímos uma etapa — diz Lúcia, sorrindo com alegria. — Agora talvez tenhamos que nos separar, porque espero obter permissão imediata para retornar à Terra, quero um novo corpo, preciso reequilibrar muitas coisas. A respeito disto, tenho uma pergunta que nunca te fiz, mas que me aguça a mente, agora que estou prestes a uma nova experiência intra-uterina: você não estava grávida quando sofreu a sua fatal passagem? Pergunto-lhe agora, porque sei que isto já não te causa dor.

— Sim, amiga, estava, e isto me afligiu por algum tempo, até que tive coragem e perguntei ao Irmão Tarcísio se eu ainda permanecia grávida no plano espiritual. Ele esclareceu-me mais ou menos desta forma: como minha gravidez era muito recente, antes de completar três meses, os elos com o espírito reencarnante eram muito sutis; diante da impossibilidade deste corpo desenvolver-se no meu útero e vir à vida física, o processo foi interrom-pido sem maiores prejuízos para aquele ser, que aguardará o momento propício para recomeçar; valeu a experiência de que ele mesmo tanto necessitava, mas disto eu não tenho pormenores.

Lúcia retoma a palavra:

— Pensando bem, tem lá sua lógica: para que serviria uma gestação nestas paragens, se cá não usamos este veículo de carne e osso?

— Há muitas coisas que desconhecemos na Terra, principalmente no que tange aos processos mais naturais da vida e da morte — replica Izilda.

— É verdade, quando estamos encarnados, prendêmo-nos a um momento de transitoriedade do ser... Vivemos uma personagem das muitas vidas que tivemos e das quais ainda teremos, e nos confundimos totalmente com esta personagem; esquecendo que somos espíritos eternos em peregrinação...— refletiu Lúcia.

— E por isso, nos limitamos... Imagine, se alguém que conviveu conosco na última encarnação nos visse conversando desta forma, com esta linguagem...

Eu, que fui uma caseira semi-analfabeta, e você, uma campesina dos arrabaldes do Porto. E se conservamos algum sotaque é porque estamos ligados ao carma coletivo de um povo ou nação.

— Jamais acreditariam que rompemos nossos próprios limites; na minha aldeia, a notícia espalhar-se-ia com rapidez: Milagre! Milagre! Olhem cá! A Lúcia virou santa!

— Se pudessem ver a luz que se difunde e irradia por nosso corpo astral, que pensariam? Os crédulos revenciariam o milagre e os cientistas diriam que foi um salto quântico.

— Já imaginou, Izilda, tu e eu num processo de beatificação da Santa Madre Igreja?

— Fariam apologia de nosso sofrimento e passariam a borracha nos deslizes de nossa personalidade; isto representa uma provação bastante difícil para os que precisam de serenidade nestes planos imateriais a fim de aurirem forças para prosseguir a caminhada...

— Disse Jesus: *"Que os mortos enterrem seus mortos! E nós aqui estamos vivos e mais conscientes do que estávamos lá na matéria."*

Izilda, com ar matreiro, replica:

— Mas santos vendem santinhos, dão muito lucro, mais ouro, que vai para os cofres da Igreja, pois os padres não têm família, nem herdeiros e esta é uma boa razão para tão ferrenha defesa da obrigatoriedade do celibato.

Lúcia, pensativa, replica:

— É lamentável a carga energética que acorrenta as pessoas às imagens dos altares, prendendo o Suplicante a uma forma que já deveria estar dissolvida e apensando o débito do pretenso "Santo" que precisa de libertação à forma das pessoas que se prendem a esta egrégora.

Ambas fazem uma pausa para um riso descontraído, até que Izilda, tomando ares de circunspecção, retoma o diálogo:
— Logo mais terei entrevista com a equipe Socorrista de Bênção da Paz; o próprio Irmão Durval, que faz parte do Conselho Deliberativo, encaminhou meu pedido para integrar as equipes tarefeiras do umbral.
— Meu coração diz que vai conseguir o que tanto almeja: intentar o socorro ao Francisco.
— Parece que tomamos rumos diversos, mas como neste plano não há despedidas, ficamos unidas pelo ideal de evoluir e auxiliar a humanidade a minimizar seu sofrimento.
Ambas abraçam-se, suas auras resplandecem em rósea harmonia e, depois, cada uma toma o rumo do seu destino.
Nos planos onde não há apego, não existe a dor da separação.
Lúcia dirige-se a passos rápidos para o setor de reencarnação, onde participará da elaboração do projeto de sua nova existência. Quando o espírito reencarnante adquire um grau de consciência que lhe permite acompanhar a elaboração da estrutura da nova encarnação, isto é respeitado; quando o nível de percepção das necessidades não permite, a reencarnação é justamente planejada por seres conscientes e responsáveis, tornando-se compulsiva para o reencarnante inconsciente. A participação é diretamente proporcional à evolução espiritual.
Lúcia, pela bondade de seu coração e pelos conhecimentos adquiridos nos quase vinte e um anos de desencarne, iria participar ativamente destas escolhas. Para que se visualize melhor este momento, imagine a alma reencarnante num enorme *shopping center*, com muitas e muitas opções de aquisição; como verba disponível ela tem os méritos adquiridos e como cartão de crédito as suas necessidades evolutivas mais prementes. Há um limite de verba e de crédito... E ela terá que atingir, quitar e carregar suas próprias aquisições; os Conselheiros estarão sempre preparados para lhe indicar as ofertas mais favoráveis. Como diz o princípio hermético:
"*Em baixo, como em cima*"; é tudo similar: macrocosmo e microcosmo.
Izilda encontra-se diante do prédio do Conselho: é um edifício arredondado, cujas paredes são compostas de cristal azul espelhado. Encontra-se em meio a delicado jardim oriental, onde as pequenas tuias entremeiam os caminhos de graciosos pedregulhos margeados por *bonsais* em tamanho mediano. Fontes naturais de águas límpidas

e transparentes deságuam em pequenos lagos onde peixinhos azuis, lilases e dourados pacificamente habitam entre cavernas de cristal e ametista. Laivos de luz preenchem de alegria o ar perfumado pelas cerejeiras em flor, e nossa amiga caminha, envolvida pela tranqüilidade do local que lhe aferia, agora, mais segurança.

Passo a passo, contemplando a cordial brincadeira dos passarinhos, ela chega à porta, que se abre ao simples toque de sua presença: a sua frente uma jovem sorridente faz-lhe menção para que entre e a conduz por um corredor cujo solo se compõe por fragmentos de lápis-lazuli e rodocrositas em magnífico mosaico; por teto, lâminas de calcita que decompõem os raios de luz nas cores do arco-íris. Ao fim do corredor, a sala de atendimentos estava preparada e os conselheiros, dispostos em mesa circular, aguardavam que Izilda ocupasse a cadeira que lhe estava reservada, e que a jovem lhe oferecia com gestos suaves.

Entre os conselheiros estava Irmão Durval, que passou à leitura dos relatórios do dossiê de estada da consulente nos planos da vida fora da matéria densa.

Irmão Durval concluiu:

— Em vista dos fatos ocorridos na última encarnação e tendo em consideração o progresso adquirido nestes anos de permanência entre nós e o elo de responsabilidade que a une há muitas eras ao irmão Francisco, hoje prisioneiro de seus próprios desatinos, confio ao egrégio conselho a análise e definição de sua solicitação.

Dizendo isto se sentou e respeitoso silêncio preencheu o ambiente, onde os raios de luz dourada que emanavam da abóbada central garantiam a plena fluência do amor e da sabedoria; telepaticamente os membros do Conselho tergiverssavam sobre o assunto.

Era o momento da pausa. Exatamente quando tudo silencia, quando se ouve a voz do silêncio, que tudo acontece. É lamentável que a maioria da massa humana ainda desconheça o valor da inação, ou que a confundam com ociosidade; é na pausa entre a inspiração e a expiração que se dá a oxigenação das células; é no interegno entre a expiração e uma nova inspiração que ocorre a renovação, a regeneração; e nisto está a chave da grande Paz.

Finalizando este precioso anelo com a energia espiritual mais pura, o presidente do Conselho ali reunido levanta-se, reverencia os presentes com uma inclinação da cabeça e pronuncia-se com simplicidade:

— Em vista de tudo o que aqui foi exposto, mas, principalmente, perante a sinceridade do sentimento altruísta que move nossa irmã Izilda, concedemos a oportunidade para participar das equipes socorristas nos umbrais, sob a preceptoria do Irmão Durval. Recomendamos, porém, que todas as etapas de treinamento e estágio sejam rigorosamente respeitadas para que haja o fortalecimento mental e emocional suficiente para a atuação junto a Francisco. Que Deus Pai derrame sobre todos, e de modo especial sobre esta proposta, as bênçãos da Paz.

Izilda sorriu e duas grossas lágrimas escorreram-lhe pelas faces enrubescidas pela alegria que lhe brotava da alma agradecida e enlevada. Em seguida, reverenciou aos presentes e retirou-se, em companhia do Irmão Durval, rumo a outras paragens, onde novas oportunidades de aprendizado e serviço a aguardavam.

É no serviço, quando o indivíduo se esquece dos próprios conflitos e dispõe-se a auxiliar alguém que carece de cuidados, que a alma evolui com mais transparência e rapidez, porque na medida em que cuidamos de suprir as necessidades do próximo, alguém espiritualmente superior verterá sobre nossas mãos, esvaziadas pelo que doamos, os suprimentos de que precisamos para nossa sustentação; é por este motivo que a asserção *"É dando que recebemos"* representa verdadeiro tratado de filosofia oculta nos planos bipolares da existência.

O percurso que Izilda e o Irmão Durval realizaram, até o local onde se reuniam as equipes socorristas que ele coordenava, não era longo e ambos efetuaram o trajeto em silêncio e harmonia com os caminhos floridos entre bosques de singela beleza. Meia hora de caminhada e já podiam defrontar-se com o prédio quadrangular, de linhas simples e tijolinhos aparentes muito semelhantes a algumas construções que encontramos na Terra.

Três degraus de lajota entremeada por gráceis gramíneas conduziam ao alpendre que emoldurava a construção pelos quatro ventos, onde samambaias de várias espécies pendiam fartamente de seus vasos.

Ouvia-se suave melodia e, como se aproximava o pôr-do-sol, os residentes do local encaminhavam-se em amáveis colóquios para o pátio central interno, de forma também quadrangular, de modo que de todos os cômodos do recinto tinha-se uma visão interna e uma visão externa dos ambientes.

No prédio havia uma cozinha comunitária onde se preparavam os sucos e caldos destinados a algum visitante que deles necessitasse, bem como aos residentes que ainda absorviam energia desta forma; havia uma sala para meditação forrada por macia alcatifa azulada, na qual se sobrepunham almofadas em tons de azul-cobalto; ali o silêncio reinava. Havia uma sala de música que dispunha de aparelhos individuais, parecidos com os nossos *disk-man*, mas de tecnologia mais avançada, pois em vez de funcionarem a toques digitais, respondiam a comandos mentais e, em vez de fitas-cassetes ou CDs, minúsculos cristais retinham o conteúdo das gravações. Uma outra sala era a biblioteca, que em vez de prateleiras atoladas de livros, tinha aparelhos, como que computadores e fones de ouvido, que passavam o conteúdo da obra desejada diretamente para o campo mental do estudante.

Não havia lavanderia, pois os espíritos que podiam estar naquela casa já conseguiam vestir-se fluidamente pela força do pensamento.

No mais, compartimentos individuais, muito aconchegantes e simples, propícios ao recolhimento pessoal; salas para partilhas, vivências e reuniões; muitos jardins internos, repletos de alegria e tranqüilidade, e uma grande área adjunta externa, destinada aos banhos purificadores e harmonizadores.

Izilda dirige-se para o pátio interno, onde cada um procura sentar-se no lugar que mais lhe apraz: no gramado, por entre plantas, nas muretas ou até nos bancos disponíveis. Ao bimbalhar dos sinos, todos entoam hinos de harmonia e paz, envolvendo o ar na doce serenidade dos que confiam no Pai Celestial.

Terminada a oração, Irmão Durval apresenta Izilda aos companheiros de estada e trabalho, inserindo-a num grupo composto por alguns irmãos que afavelmente encaminharam-na aos seus aposentos e depois mostraram-lhe todo o local, fazendo com que ela estivesse muito bem acomodada; serviram-lhe suco revigorante e despediram-se, deixando-a no merecido repouso.

Nos dias subseqüentes, acompanhada pelos novos amigos, desceu pela primeira vez aos níveis mais densos da Terra, onde pôde rever locais em que viveu na sua última encarnação, visitando também amigos e familiares.

Pôde perceber a importância do equilíbrio emocional para o bom desempenho das tarefas espirituais, quando se aproximou dos filhos e, com a percepção que lhe conferia a alma, perscrutou seus sentimentos e anelos mais íntimos.

Vacilou, deu vazão às lágrimas, recompôs-se inúmeras vezes, principalmente quando, ao se aproximar de alguns entes queridos que inconscientemente sentiam-lhe a presença e imediatamente recordavam-se dela.

Obteve autocontole, adquiriu força mental quando intentou inspirá-los na solução de situações angustiantes, e fortaleceu seu veículo contra a fragilidade emocional e a divagação mental.

Visitou hospitais, presídios e hospícios, onde os tarefeiros da luz desempenham relevadas funções de auxílio ao próximo; pôde perceber a importância do intercâmbio entre encarnados e desencarnados no serviço efetivo da vida cotidiana. Percebeu características peculiares na comunicação mediúnica realizada nas casas espíritas de reto proceder, onde há todo um preparo dos ambientes e dos médiuns e, também, a agilidade e a destreza com que se deve atuar quando os ambientes não proporcionam a elevação necessária. Mais do que isto, aprendeu a hora de agir e a hora de aguardar o momento mais propício.

Neste aprendizado prático passaram-se alguns meses, até que, numa bela manhã de domingo, Irmão Durval pede-lhe que compareça a seu gabinete de trabalho.

Com a premonição aguçada, ela sente o coração acelerar-se no peito e caminha a passos rápidos em direção ao almejado encontro.

— Bom dia, Izilda, é bom constatar sua excelente disposição — cumprimenta o instrutor, afastando a cadeira, num gesto de cortesia já olvidado pela maioria dos seres humanos desta década, para que ela se acomode.

— Obrigada, Irmão Durval! Meu coração pressente novidades alviçareiras!

— Sim, finalmente recebemos autorização para que você possa nos acompanhar ao vale dos suicidas, onde se encontra Francisco, na tentativa de resgatá-lo. Neste caso, não temos cem por cento de certeza da conclusão favorável do nosso intento, pois seu ex-companheiro da última encarnação ainda permanece renitente à autoconversão. Entendemos que, se ele pode chamar por você em momentos de lucidez, talvez vendo-a refeita e enobrecida possa abrir seu coração, limpar-se do peso da culpa e, num instante de abertura ao amor, proporcionar-se a libertação por esta frente de luz. Neste momento atuaremos diretamente, arrebatando-o incisivamente da mórbida prisão em que se encontra, sem que disto se apercebam os macabros defensores do local. Iremos disfarçados de andarilhos, para que nos seja aberto o acesso; você sabe que os andarilhos têm passagem aberta nestes vales de sombra, porque podem levar e trazer energias...

— Mal posso esperar por este instante abençoado; entrarei em atitude de oração e jejum imediatamente, pois sei a importância vital desta postura na realização destas tarefas — replicou Izilda, com vivacidade.

No momento previsto para o início do cumprimento desta missão de resgate, reúnem-se no pátio central do posto de serviço o Irmão Durval, Jacinto, um experiente servidor nos umbrais, e Rosa, também efetiva trabalhadora nas falanges da luz. O grupo entrelaça as mãos num círculo que começa a reluzir conforme suas almas galgam os degraus da prece e elevam seus corações e suas mentes em direção ao Divino Mestre, solicitando-lhe o amparo. Terminada a prece, entoam harmoniosa melodia que os incita ao trabalho generoso; em seguida, ao comando de Durval, cada um se mentaliza vestido de andarilho, compondo mentalmente seu próprio visual, com detalhes significativos e abundantes, tornando-se irreconhecíveis; seqüencialmente entreobservam-se e reciprocamente auxiliam-se na composição dos disfarces.

Com a energia mental, transformam-se em andarilhos... Se pensarmos profundamente, poderemos constatar que nossos pensamentos também estão nos identificando com imagens que eles constroem consciente ou inconscientemente.

A equipe inicia a descida aos vales profundos dos umbrais através da passagem por corredores e portões interdimensionais e logo encontra-se nos limites do ermo vale onde se encontra Francisco.

Os gritos de sofrimento e revolta fazem-se ouvir ao longe, e desta distância também pode-se sentir o odor fétido, como de um esgoto a céu aberto, e ouvir o piar tremendo das aves de rapina em busca de carniça.

Os andarilhos penetram sem embargo e atingem um canto escuro, engastado entre paredões de muralha pétrea, onde, acuado, seminu, imundo, demente, com os farrapos usados no enforcamento a lhe cercearem a garganta, está Francisco.

Izilda segue, à frente de Rosa e precedida por Durval e Jacinto. Sente um baque no estômago ao avistar a deplorável condição do exilado, mas um leve toque da amiga em seu ombro faz com que recupere o equilíbrio.

Redenção

Aparentando descontração, o grupo procura agir com naturalidade, sentam-se próximos a Francisco, que demonstra inquietação e hostilidade à presença dos estranhos.

Pacatamente, Durval retira da velha mochila de pano esfarrapada um bornéu; destampa-o, ingere, de forma aparentemente grotesca, alguns goles de água, passando aos companheiros que fazem o mesmo, devolvendo-o ao instrutor que, aparentando total naturalidade, olha para Francisco e oferece-lhe o cantil, jorrando magnetismo em sua direção. O prisioneiro, com sede insaciável, que lhe parecia eterna, pois jamais era saciada por água límpida, mas sim em córregos lodosos e insalubres, atira-se desesperado em direção ao precioso recipiente, confiscando-o abruptamente das mãos do seu portador.

Sofregamente ingere o líquido com tanta avidez, que o bloqueio de sua garganta o faz engasgar e tossir freneticamente num acesso incontrolável.

Incontrolável para ele, pois, para os nossos missionários, o plano decorre em perfeita ordem: a água energizada e fluidificada cria reação na garganta do infeliz suicida e a tosse provoca movimentos espasmódicos parecidos com os musculares que, pouco a pouco, rebenta o cordel que o sufoca, através do qual seus obsessores o guiavam e prendiam como a um cão preso por coleira, corrente e guia.

Rompido o laço que o prendia ao ato do suicídio, ele recua, como se tivesse recebido um golpe, e cai atordoado aos pés do pequeno grupo que se mantém tranqüilo e comedido, sem alardear para não denunciar suas identidades verdadeiras.

Aproveitando o momento de torpor, Jacinto se aproxima e ergue a cabeça de Francisco sobre suas pernas; os guardiões dos "infernos" fazem pouco caso desta atitude, pois andarilhos simplesmente são inofensivos, jamais libertam alguém; pelo contrário, sobrecarregam quem deles se aproximasse com as mazelas adquiridas no caminhar sem rumo; também não percebem a ruptura do cordel, pois Durval lança um cataplasma negro sobre a garganta do infeliz, que lhe permite cicatrização e oculta a libertação.

Com um leve sinal Durval pede a Izilda que se aproxime, entregando-lhe outro cantil com água cristalina e fazendo menção para que ela derrame a água sobre os olhos de Francisco e massageie-os com as mãos, o que ela faz imediatamente.

Em uma fração de segundo, tocado energeticamente pela água fluidificada, Francisco enxerga o rosto da antiga esposa, que lhe transmite beleza e paz.

Assustado, balbucia palavras desconexas, que pouco a pouco vão tomando a forma de frases, como se de repente sua mente fosse se reconectando com os mecanismos de percepção, audição, visão, tato e fala.

— Izilda, socorro! Me acode, estou morrendo, enlouqueci; me acode... Me perdoa! A imagem do seu sofrimento me persegue, vejo-me assassinando-a, a cada minuto, e você não morre... Não agüento mais!

— Calma, Francisco, tudo pode ficar bem! Aceite nosso auxílio! Eu estou viva, e muito saudável, você também pode restabelecer sua saúde espiritual. Peça a Jesus que o ilumine, reze comigo... Somos seus amigos.

Dizendo isto, Izilda começa uma oração rápida e profunda. Francisco verte copiosas lágrimas e soluça:

— Meu Deus, perdão, eu não valorizei a vida; matei e me suicidei... Perdão, meu Deus!

Neste momento Durval toca o coração de Francisco, que geme profundamente.

Um grupo de vigilantes das trevas volta-se na direção do gemido e decodifica a cena como se o grupo de andarilhos, tocando o cardíaco da vítima, impingisse-lhe medos e culpas que o faziam sofrer; sorriem irônicos e satisfeitos, resolvendo omitir-se porque a dor e o sofrimento do prisioneiro pouco lhes importa.

Quando os vigilantes viram as costas, Rosa retira de sua mochila um manto negro; Jacinto e Durval adormecem Francisco e enrolam-no no manto para que passe invisivelmente pelas trevas da noite eterna destes vales escuros.

Com gestos rápidos e precisos o grupo se levanta, erguendo Francisco entre os quatro, caminhando sem contratempos até o portal de saída. Ultrapassado o portal, retiram o manto que recobre o recém-resgatado inconsciente, alijam-se dos disfarces de andarilhos, retomando suas vestes habituais, e volitam, levando o adormecido liberto para paragens de recuperação.

Sua parada se faz num dos postos periféricos de serviço de atendimento e pronto-socorro, pois as condições de Francisco não lhe permitem galgar outros extratos nem adentrar núcleos mais profundos.

Porém, neste local, ele estaria em perfeita segurança e receberia cuidados suficientes que lhe permitiriam a trajetória ascendente.

Redenção 79

Francisco é colocado sobre os alvos lençóis de um leito confortável; a equipe de enfermagem propicia-lhe banho e magnetização de purificação, vestindo-o com roupas brancas; após estes cuidados iniciais, Durval desperta-o e esclarece-o sobre o ocorrido, de forma sintética e objetiva.

Izilda aproxima-se, beija-lhe a testa, toma suas mãos entre as dela e envolve-o em puro amor fraterno, deixando-o sereno, prometendo-lhe visitas periódicas e acompanhamento sempre que possível; um enfermeiro aproxima-se com um copo de suco de cor esmeraldina, que oferece ao paciente. Ingerindo o precioso líquido, Francisco suspira profundamente e volta a adormecer.

Gradativamente irá adormecendo e despertando, como fluxo e refluxo, até que seu estado energético lhe permita concisão de consciência para períodos de vigília mais duradoura; agora tudo é uma questão de tempo e boa vontade; o resgate foi efetivado, Francisco está livre! *Baruch ashem!* (Glória a Deus!).

O grupo de resgate retorna feliz ao posto de origem, com a alma engrandecida pela certeza do dever cumprido.

Capítulo Cinco

Vingança

Na superfície da Terra o tempo também agiu como eficaz regenerador das feridas causadas pelas experiências dolorosas: sete anos são um período em que se fecha um ciclo e, sendo assim, compreende em si mesmo a conclusão de alguns movimentos e o início de outros. No movimento constante, como na rotação terrestre e na translação dos planetas nas suas órbitas solares, está a inércia que sustenta a manifestação da vida; na pausa, tudo é reabsorvido no átomo primordial que é e não é, e este átomo é Deus; esta é a prova da existência de Deus como causa primária de tudo o que existe.

As crianças tornam-se adolescentes, estes passam a jovens, alguns transformam-se em adultos na total acepção da palavra, porém, muitos maturam-se fisicamente, mas não amadurecem psicologicamente, como também há idosos-adolescentes e vice-versa.

Clara e Tiago estão agora mais unidos, pois o esforço constante das idas e vindas acabou por convencer o grande batalhador da necessidade de comedimento e tranqüilidade, tanto em benefício da qualidade quanto da quantidade de anos que viveria ainda naquele corpo.

Márcia passa por experiências bastante dolorosas, advindas de um divórcio litigioso, onde se debate mais pela disputa dos bens materiais do que pela necessidade de preservar o sentimento que envolveu dois seres num casamento e os fez gerar filhos, que são partícipes de tudo o que possa atingir a célula familiar.

Agora, com os filhos adolescentes, Rodrigo com 15 anos e Núbia com 18, Márcia sente a premência de buscar autoconhecimento e realização pessoal, o que não lhe supre nem o bom desempenho profissional, nem a segurança de uma vida materialmente estável.

Os filhos, mal-acostumados aos comodismos de uma vida farta e oscilando entre as chantagens de pai e mãe, agiam como mercadorias na lei da oferta e procura.

Partindo para um segundo casamento, Márcia envolve-se nos conflitos gerados pela possessividade dos filhos e pelo ciúme do novo companheiro; momentos de muita tensão permeados por fragmentos de harmonia.

Estamos no início das férias escolares de verão e os dois irmãos adolescentes preparam-se para desfrutar de alguns dias na fazenda dos avós. As terras de Canaã sempre representaram para eles um porto seguro; local onde podiam cavalgar com liberdade, nadar nas águas límpidas da piscina natural, caprichosamente desenhada entre pedras que mantinham a água fresca e cristalina constantemente renovada pelo bramir incessante da pequena queda d'água que a alimentava, deixando-se, depois, escoar gostosamente por um riacho que, entre os bambus, cantava a alegria de ser um riozinho.

Havia também a piscina artificial, mantida a cloro e algícidas, mas que podia oferecer ambiente propício para os banhos de sol e toda a atividade social e esportiva que se desenvolve num local destes.

Era hábito que os netos de Clara e Tiago se fizessem acompanhar por amigos nas temporadas que passavam em companhia de tão magnífica natureza, desta forma, os dias se faziam curtos para tantas opções de lazer e as noites longas e pródigas de surpresas que os faziam se esquecer da rotina televisiva.

Por sua vez, a cidadezinha próxima transformara-se num próspero centro turístico, pois as fartas nascentes de águas com qualidades curativas, em cenário montanhoso, despertaram em um fazendeiro do local, cujo tino comercial era muito aguçado, a iniciativa de investir na região.

Nestes poucos anos, foi construído um parque balneário muito bem montado, várias pousadas simples e confortáveis, parques ecológicos, até um miniteleférico que interligava o topo montanha, de onde se podia avistar boa parte da região, a uma estância onde o fazendeiro, agora também prefeito, instalara um parque de diversões, colocando pedalinhos a flutuarem no lago, lado a lado com os cisnes e marrecos.

A sorveteria da vovó Naná recebeu total redimensionamento: de um acanhado salãozinho onde a senhora fazia sorvetes caseiros numa geladeira comum, surgiu um amplo espaço, com mesinhas e cadeiras para que se desfrutassem sorvetes de "quase tudo", tentadoramente expostos nas modernas geladeiras *self-service*, complementadas por farta variedade de caldas, coberturas, cremes, confeitos e licores.

Na verdade, a sorveteria transformara-se num *point* da juventude que, no inverno, para não perder o local de encontro, travestia-se em chocolateria, com *fondues* e crepes para todos os gostos, acompanhados de bons vinhos quentes e licores.

Numa tarde de sábado ou domingo, a garotada se reunia mais para "paquerar" do que para tomar sorvete; a algazarra era tanta que os mais velhos, que tinham por intento saborear calmamente seu quitute, ganharam um salão adjunto, denominado "Esconderijo"; lá se podia sentir que sorvete de pé de moleque tinha gosto de amendoim!

Toda esta estrutura propícia, mais a liberdade e os mimos que vovó Clara proporcionava, tornavam Canaã altamente atrativa, ainda mais agora que Márcia estava grávida e, segundo os filhos, tremendamente "chata".

Suélen prepara-se com alegria para receber os que já se consideram mais do que parentes; havia se estabelecido entre eles um vínculo de cumplicidade e afeto.

Desta vez Rodrigo levaria dois amigos, já bastante conhecidos de Clara. Luciano, alegre, bonachão, simpático e comilão, e Rafael, agitado, inteligente e comandante geral da bagunça. Núbia preferira ir sozinha, pois a companhia de Suélen lhe era extremamente querida, mesmo porque, a sua companheira mais fiel de estada na fazenda encontrava-se em viagem de intercâmbio cultural na cidade de Chicago.

Numa bonita manhã de sábado, chegam os quatro jovens na rodoviária da cidade, portando mochilas e mais mochilas, que indica o excesso de bagagem e de preocupação dos pais; na verdade, todos nós carregamos *excessos de bagagem* por toda a nossa existência; se soubéssemos caminhar com o necessário e se aprendêssemos a nos aliviar do supérfluo e das preocupações, com certeza caminharíamos mais suavemente e chegaríamos mais felizes, sem tanto cansaço.

Os meninos desceram do ônibus aos trambolhões, num prenúncio de festiva temporada; Núbia já colocara os pés no primeiro degrau buscando com o olhar ansioso a presença dos avós; tudo era novidade, era a primeira vez que viajavam sozinhos para Canaã.

Não foi difícil localizar Tiago, pois a inquietação do avô com a experiência era tanta quanto a dos garotos, que até traçaram planos para irem por conta própria da cidade até a fazenda, caso houvesse algum desencontro.

Núbia não se divertia nem um pouco com a possibilidade de os avós falharem na recepção e Tiago pensava com seus botões se realmente aquelas crianças estavam preparadas para tanta independência... e, se perdessem o ponto de descer? Sabe como é: conversam muito, pensam pouco, são distraídos... Ou se houvesse equívoco e saltassem antes do local determinado? Todos se tranqüilizaram quando reciprocamente se avistaram; o avô acena sem nenhuma discrição e os jovens, atrapalhados com a montanha de sacolas, respondem gesticulando, percebem que Clara não os havia vindo recepcionar, o que muito os animou, quando souberam que ela estava preparando pastéis deliciosos.

Encaixam-se no carro como sardinhas em lata, abarrotando o porta-malas, e partem em burburinho; Núbia ao lado do avô, no banco dianteiro, e os três meninos acotovelando-se no banco de trás. Chegam à fazenda: viva a liberdade! Abraçam a vovó Clara, descarregam o carro, acomodam-se nos quartos, tomam caldo de cana, comem pastéis, alvoroçam o filhote herdeiro de Astor, o travesso Plug (porque estava sempre *ligado*), até que o cão já adulto e ponderado intervém na brincadeira e, em vez de acalmá-los, porta-se como outra criança em festa.

Suélen e Núbia partilham do reencontro com muitas novidades de ambas as partes; o clima descontraído invade o ar e tudo se transforma ao toque da jovialidade: nada mais naqueles dias repousaria tranqüilo antes que os jovens, exaustos, adormecessem.

Enquanto isso, no interior da Bahia, falecem os avós de Márcio e o jovem, agora com vinte e um anos, resolve desfazer-se da pequena propriedade que herdara, em troco de pagar algumas dívidas de jogo e bebidas, partindo em busca de novos horizontes, pois seus maus hábitos já lhe haviam limitado o espaço no lugarejo onde residia, bem como ao derredor, onde podia sempre ser visto em más companhias.

Há algum tempo vinha amargando idéias de que Tiago e Clara que, na sua opinião, lhe subtraíram a família, deviam-lhe mais do que a mesada que ele dissipava em poucos dias e que agora, tendo completado a maioridade, havia sido cancelada.

Os obsessores desencarnados e os maus conselheiros encarnados somavam forças cada vez maiores no intuito de instigar-lhe a revolta, fazendo-o ceder aos instintos baixos da agressividade.

Izilda, numa de suas incursões à crosta terrestre pôde, acompanhada por sua amiga Rosa, constatar a perversidade em que se encontrava o filho; quis atuar aproximando-se e insuflando-lhe nos pulmões os ares da serenidade e, no coração, a doçura do amor, mas o jovem, refratário aos sentimentos nobres, quando tocado pela mão carinhosa da que lhe gerara a vida, reagia pelo pólo oposto: enraivecia, lembrava-se de que o pai lhe clamara vingança e deixava-se envenenar ainda mais.

Perante tal conjuntura, a mãe desencarnada afasta-se e lança aos céus uma súplica de intercessão pelo filho beligerante, sabendo que será atendida, pois a misericórdia divina jamais se faz tardia quando chega o arrependimento.

Márcio resolve procurar por Clara e Tiago, para cobrar-lhes, em dinheiro, a vida dos pais; parte sozinho e sorrateiro em meio à madrugada, eximindo-se de quitar alguns débitos e levando consigo o que pôde angariar emprestando dos comparsas que, um dia, também seriam seus inexoráveis cobradores. Este círculo vicioso rompe-se no amor, no perdão, na reforma íntima, na reformulação das idéias, que afinam o ser com outra faixa vibratória. Será Márcio capaz de romper este círculo?

Sua chegada coincide com os dias em que os jovens desfrutam suas férias; logo ao se aproximar não foi reconhecido pela irmã, que durante os anos decorridos manteve contatos periódicos com os irmãos, que permaneceram no Paraná, custodiados pelos avós maternos, mas isolara-se do irmão mais velho, que jamais havia manifestado o desejo da reaproximação.

A aparência mal cuidada, os modos grosseiros, as gargalhadas, o excesso de familiaridade que não lhe fora concedida, faziam de sua presença algo, no mínimo, desconfortável.

Alegando estarem todos os aposentos ocupados, Tiago preferiu pagar-lhe hospedagem numa pousada da cidade, garantindo assim um certo distanciamento.

Após vários dias de permanência na fazenda, Clara começou a perturbar-se com os modos do rapaz, que extrapolavam a aceitabilidade razoável; descontentava-lhe vê-lo próximo aos meninos, temendo que lhes incutisse maus hábitos e, mais ainda, quando se acercava de Núbia.

Em uma das noites, quando estava a sós com o marido, confidenciou-lhe os temores, sendo ratificadas por ele todas as suas más impressões.

Tiago decide que na manhã seguinte procurará por Márcio e esclarecerá o ensejo de sua vinda, bem como providenciará seu encaminhamento no sentido de encontrar trabalho, caso seja este o seu intuito, ou de fazer com que tome seu rumo se não quiser ter vida produtiva no local; pois também ficara evidente que a presença do moço na fazenda era indesejável.

Nas primeiras horas da manhã, após o desjejum, Tiago vai ao encalço de Márcio, encontrando-o adormecido por sobre as cobertas, vestido e calçado; inquerindo Beatriz, a dona da pousada, ela revelou-lhe que todas as noites o jovem chegava às altas-horas, embriagado, e que já havia arrumado algumas boas encrencas na região.

Tiago, que nunca se deixara intimidar por nada, acorda o rapaz, despejando-lhe água gelada no rosto; sobressaltado, responde irado, com vocábulos desqualificados pela boa educação.

Quando percebe a presença de dona Beatriz e de Tiago, fica perplexo, balbucia algo incompreensível e alega mal-estar; o advogado, perspicaz, aconselha um bom banho e diz esperá-lo à mesa para um café da manhã que recomporia suas forças, fazendo-se de desentendido em nome da diplomacia.

Meia hora depois o rapaz desce a pequena escada de madeira que conduz dos aposentos aos ambientes do andar térreo, entre os quais destaca-se uma ampla sala com mesinhas quadradas, forradas por toalhas xadrez vermelho e branco, sobrepostas por alva composição, onde se dispõem talheres para o desjejum.

Tiago está sentado a uma destas mesas, em afável conversa com a senhora Beatriz, antiga conhecida que se transformara em boa amiga.

Com a chegada do rapaz, a senhora levanta-se com sobriedade, percebendo o sério desenrolar dos fatos subseqüentes.

— Pedirei que lhes sirvam o melhor café disponível, fiquem à vontade — falou, cedendo a cadeira a Márcio.

— Ah! Sim! — replica Tiago. — Sente-se meu rapaz, precisamos mesmo de um bom café e dois dedos de prosa séria.

— Não sei o que disseram de mim para o senhor, mas seja lá o que for, é mentira — defendeu-se Márcio por antecipação.

— Fique calmo, ninguém falou nada, mesmo porque sou pouco afeito a fofocas, porém, não posso negar o que meus olhos viram, meus ouvidos ouviram e meu nariz cheirou. Desde quando você bebe até cair?

A pergunta direta fulminou o rapaz como um raio. Ele, desconcertado, balbuciou alguma negativa inconseqüente.

— Mas — prossegue Tiago, — não é por isso que vim; sei que conselhos pouco adiantam a quem não quer admitir a necessidade de transformação. Quero saber, sem rodeios: a que você veio? Não pense que me enganou com a história de saudade, de visitar... Por que você veio?

Altamente reativo, Márcio perde o falso verniz:

— Com certeza, não podia ter saudade dos assassinos de meus pais. O senhor fez do meu pai um assassino e botou a minha mãe a sete palmos da terra; só não o fez com suas mãos. Agora eu estou aqui, sem estudo, sem dinheiro, enquanto o senhor, dona Clara e seus netos têm tudo, do bom e do melhor. Eu quero ter o mesmo, vim buscar a minha parte.

Tiago, irônico, ri. Depois, olha profundamente para o rapaz e, com a acuidade e a benevolência que os anos trazem a quem sofre grandes percalços por causa do orgulho e da prepotência, resolve argumentar com brandura e dignidade:

— Nenhum de nós pode culpar quem quer que seja pelos desatinos que comete; você ainda parece desconhecer que, naquele dia em que ocorreram os fatos lamentáveis que você mencionou, Clara e eu já havíamos perdoado seu pai, ofereceríamos uma oportunidade, caso ele prometesse não mais roubar; sua mãe sabia disso!

— É bonito dizer, mas só acreditaria se minha mãe dissesse que é verdade, mas morto não fala... Será que é por isso que o senhor está inventando que o perdoou?

Tiago enrubesce, o sangue ferve-lhe nas veias, seu desejo é esfregar o frangote contra a parede, mas controla-se e responde:

— Não vou discutir com você, também não vou lhe dar mais nenhum tostão; não tenho culpa do mau uso que foi feito de tudo que lhe enviei; seus irmãos estão bem cuidados, estudando, e são gratos por eu lhes oferecer muito mais do que me comprometi, espontaneamente, perante a lei.

Arrume suas coisas, vá embora, deixo-lhe a estada paga até amanhã e as passagens de volta compradas; agora mesmo pedirei à dona Beatriz que faça as reservas.

— Eu não irei, doutor...

— Irá sim, e bem rápido, pois se você aparecer novamente em Canaã, ou permanecer na cidade, mandarei detê-lo por extorsão e ameaça à integridade de minha família.

— Dê-me então cem reais para as despesas.

— Está bem, mas suma daqui! — replicou Tiago, colocando cem reais sobre a mesa.

O rapaz pega o dinheiro, enfia no bolso da camisa e levanta-se.

Tiago providenciou o pagamento da conta e tudo o que se fazia necessário para que Márcio saia da cidade, sob as vistas de seus contratados.

Mas o moço não se conforma com o tratamento recebido. Trama, sua cabeça está congestionada, sibilante como serpente armando o bote; mil guizos dos obsessores sibilam com ele e, de repente, surge a idéia... Basta concretizá-la.

Márcio desce novamente a escadaria dos aposentos, ainda a tempo de contemplar a despedida de Tiago e Beatriz:

— Doutor Tiago! — Diz em alto e bom som. — Eu compreendi, desculpe pelos maus modos, não o amolarei mais.

Mas há um azedume no seu falar e sordidez no olhar, Tiago não se convence, mas acalma-se perante a possibilidade do entendimento.

Em seguida, o rapaz arruma seus pertences, vai à praça, compra algumas recordações dizendo destinarem-se a sua namorada que ficara esperando por ele na Bahia e, finalmente, embarca em direção a São Paulo, de onde prosseguiria viagem.

Tiago volta à fazenda, conta com detalhes o que se passou para a esposa e respira tranqüilo, pedindo a ela que avise a Suélen que o irmão decidira partir e não teria tempo de despedir-se dela.

Mas Márcio não retornaria à cidade onde vivera sete anos, seguiria a rota até São Paulo e lá trocaria suas passagens e retornaria oculto para as proximidades de Canaã; chegaria altas horas da noite, pediria pousada numa Casa de Mulheres bem próxima à fazenda e aguardaria, na manhã seguinte, o momento propício para agir e fugir.

Na fazenda, o dia transcorre ameno e a noite encontra os corações saltitantes e os corpos cansados; tudo repousa na paz e na harmonia, enquanto do céu, os celestes mensageiros derramam fluidos de paz. As estrelas convidam à meditação e nos dizem que não estamos sós neste espaço infinito... Que temos irmãos em outras moradas, que há muito mais amor e vida no cosmos do que podemos imaginar.

Clara contempla o céu e pensa com gratidão nas bênçãos que recebeu do Pai Criador, agradece por todas elas, e uma estrela cadente demonstra haver participado deste momento de luz.

Vingança

Tudo é belo quando olhamos o mundo com bondade, quando sentimos que não estamos sós, colocados por acaso, por capricho de um deus irado e vingativo, como pintam muitas religiões terrenas, mas que há um objetivo maior para vivermos as experiências, para evoluirmos; percebemos que o mal tanto menos nos atinge quanto mais estivermos em harmonia com a lei divina.

Quando o dia amanhece, as luzes invadem o céu e tocam o horizonte da Terra, abençoando esta nova jornada. Em Canaã tudo desperta para que os seres estejam em pacífica convivência.

Tiago se prepara para voltar ao trabalho, do qual ausentara-se por alguns dias; Zeferino, seu fiel motorista, agora casado e pai de uma graciosa menina, chegara no primeiro ônibus da madrugada e vistoriava o veículo enquanto esperava pelo patrão. Logo mais partiriam em animada conversa, pois o advogado, tocado pela sabedoria dos anos e pela serenidade que a vida confere ao mudar os referenciais, viajava no banco da frente, não mais permanecendo circunspecto e absorto em leituras, no banco traseiro, como fazia há alguns anos.

Clara despede-se do marido e aproveita, enquanto os jovens ainda repousam, para organizar o dia na fazenda.

Os jovens despertam em uma torrente de propostas para tornarem as horas do dia insuficientes para tantas solicitações; os meninos, acompanhados por um empregado de confiança e muito bem humorado, daqueles garotões de espírito leve, que não endurece com a idade, iriam pescar pela manhã. Cícero, este era o nome do acompanhante, já preparara todo o material e sua esposa, que servia como doméstica na casa grande, arrumava saboroso farnel para deguste no entretenimento.

As duas moças combinavam uma cavalgada pelas colinas, quando uma leve cólica surpreende Suélen. Começavam *aqueles dias* e Clara havia aconselhado que não montasse a cavalo principalmente nos primeiros dias de menstruação.

Núbia propôs-se a cavalgar sozinha, no que obteve o consentimento da avó, que sabia ser a neta ótima amazona, por dom e treino, e conhecia também a destreza da égua Narahya, que fora acostumada desde potranca a servir de montaria, principalmente à jovem, com quem trabalhava em perfeita sincronicidade.

A avó apenas aconselhou que ela se mantivesse dentro dos limites da fazenda.

Mas Suélen e Núbia haviam traçado outros planos: na tarde anterior haviam combinado com os dois jovens netos de Frederico e Elvira, também em férias na fazenda dos avós, uma escalada até um bosque próximo, onde poderiam desfrutar de ambiente propício a um namoro descompromissado; encontrar-se-iam no sopé da colina, longe das vistas dos zelosos avós, e cavalgariam juntos até o local escolhido. Por esta razão, Suélen incentiva a amiga a divertir-se sem sua companhia, mas a intenção era a de que ela transmitisse aos dois rapazes que a programação estava alterada, o que ficou bastante assentado nos sussurros que trocaram quando uma auxiliava a outra a montar.

Clara faz uma série de recomendações e Núbia sai em alto estilo, aparentando a calma de quem parte sem pressa e sem destino, para começar a galopar tão logo constatou que os olhos da avó não a podiam acompanhar; fez meia volta, cento e oitenta graus num giro que a conduziria ao local do encontro.

Neste ínterim, Márcio espreitava atentamente os movimentos da fazenda; observou a performance de Núbia e, com a mente agilizada pela idéia da vingança, acrescida da acuidade dos obsessores e auxiliado pelo conflito interno e até inconsciente que atingia a moça por estar ocultando a verdade de sua avó, fez com que partisse instantaneamente da compreensão à ação, imaginando: "Se ela fez esta volta, com certeza irá até o pé do morro, evitando cruzar a ponte do riacho, onde a égua não passa; se eu der a volta pelo atalho, alcançoa no outro lado e peço-lhe uma 'carona', invento uma desculpa; não sei o que o 'velho' colocou na cabeça da família..."

Em poucos minutos estava concretizado o encontro, que Márcio fez parecer o mais casual possível, e gesticula, mal avista a montaria ao longo da estrada.

Núbia percebe alguém acenando e julga que possa necessitar de ajuda. Não reconhece Márcio a distância. Diminui a velocidade e se aproxima.

Aparentando total naturalidade, o rapaz retira o chapéu e cumprimenta:

— Olá, "patroinha"! Que faz por aqui tão cedo e a galope tão ligeiro? Por acaso vai até o pé do morro?

Percebendo haver sido surpreendida, a moça gagueja e, não querendo denunciar sua real intenção, procura disfarçar:

— Não, estou galopando sem rumo, mas já vou retornar à fazenda, devem estar preocupados comigo. Mas, e você? ... Não deveria estar a caminho, de volta à Bahia? Vovô disse que partiu tão apressado que não teve tempo nem para despedir-se de sua irmã...

— Já que você não está com destino certo, desça por alguns minutos que eu lhe explico. — responde o rapaz que, num excesso de gentileza, oferece a mão para que ela apeie com segurança.

Núbia desmonta e o rapaz vai caminhando com ela, explicando estar ali aguardando um motorista de caminhão que estaria transportando uma carga até a sua cidade natal. Ele havia encontrado na rodoviária de São Paulo, perguntando como chegar até a região onde se encontra a fazenda para buscar o caminhão e começar a viagem de regresso, pois o motorista que o trouxe havia adoecido.

O rapaz, mentindo com desembaraço, prosseguiu:

— Eu me lembrei de que havia comprado um presente pra Suélen e esqueci de entregar pro seu avô, resolvi voltar com o rapaz pra ver se conseguia encontrar-me com minha irmã; é por isso que estou aqui. Se voltar de caminhão, chegarei mais rápido e compensarei o tempo perdido.

Ele ia falando e adentrando a mata:

— Venha até minha mala, que deixei logo ali, que eu lhe dou o presente pra você entregar a ela — concluiu.

— Nada disso — replicou Núbia, — você volta comigo até a fazenda e entrega pessoalmente.

Já haviam adentrado bastante no mato, que era um capinzal bastante alto, de modo que não se enxergava mais, da estrada, quem estava na trilha.

O rapaz observou a distância e transformou-se completamente, perdeu a polidez:

— Olha aqui, patroa, eu não posso voltar porque o ✓ ⌒ ✓ ✦ ✗ ⁄⁄ do seu avô me expulsou de lá... Agora eu vou mostrar quem pode mais! — Márcio começa a puxar a moça para o mato e suas intenções de estupro tornam-se evidentes.

— Eu vou vingar a morte da minha mãe e a minha honra... Vou usar você e depois matá-la com este facão... — disse, mostrando a grande faca que habitualmente carregava na cintura.

Núbia gritou, os mentores da moça e trabalhadores do plano espiritual conheciam o carma que propiciavam à jovem a vivência da experiência, mas aguardavam intrépidos que ela orasse ou pedisse socorro a Deus para poderem intervir; a corrente dos anjos estava formada, bastava acessá-la.

A égua Narahya, ouvindo os gritos da moça, começava a relinchar.

Márcio tapa a boca de Núbia para que ela não grite mais.

A jovem, espavorida, começa, em prantos, a orar, pedindo a Deus que a ajude; lembra-se das aulas na escola de moral cristã e seu mentor consegue lhe imprimir na mente a vibração do ensinamento de Jesus: "... *Orai pelos que vos perseguem e caluniam...*"

E ela começou a soluçar, pedindo que o coração dele fosse abrandado.

Neste momento, Márcio vacilou; ela escapou e gritou pela égua...

Fernandez, um irmão desencarnado que trabalha auxiliando nas falanges do bem e tivera uma última experiência encarnatória como adestrador de cavalos de um grande circo, tendo amado muito os animais e deles recebido igual apreço, percebendo a hora de entrar em ação, saltou sobre o dorso de Narahya que, aos olhos físicos, parecia ter sido montada por um fantasma, e, tomando as rédeas, impulsionou-a com habilidade sobre o rapaz.

A égua empinava, escoiceando, enquanto Núbia, inspirada por outro grupo de mentores, corria em direção da estrada.

Outros irmãos desencarnados simultaneamente desassossegaram os dois jovens que, próximos ao sopé do morro, aguardavam por Núbia e Suélen.

Num relance, ouviram os relinchos e, aguçados para descobrir o que acontecia, galoparam em direção ao som que ouviram, não demorando muito para encontrar Núbia, desesperada, com a boca sangrando pela violência sofrida quando Márcio sufocou seus gritos.

A moça, em prantos, explica o que houve, diz temer que o rapaz fira a égua com o facão. Um dos jovens a coloca na sua sela, enquanto o outro dispara em direção à fazenda do avô Frederico em busca de socorro.

Fábio e Núbia chegam a Canaã e, alguns minutos depois, empregados da fazenda cavalgam junto com o jovem na direção da ocorrência, enquanto Frederico, o outro neto, chamado Fabiano, e o capataz de suas terras fazem o mesmo.

Encontram-se todos no local onde Fernandez, invisível, direciona e orienta a égua Narahya que mantém cativo o agressor.

Com a chegada da pequena guarnição, o adestrador desencarnado acalma o animal, que cede aos carinhos de Fábio.

Vingança 93

Márcio é preso em flagrante e cumprirá as penas a que deu ensejo. Sabemos hoje que seu destino foi diferente do escolhido por Francisco, pois a prisão conteve-lhe os maus ímpetos e ele, inspirado por almas nobres, encarnadas e desencarnadas, cedeu aos impulsos renovadores do amor cristão. Converteu-se, transformou seu comportamento, passou a auxiliar seus semelhantes; escreveu cartas com pedidos de perdão a Núbia e sua família, e, por fim, caiu na benevolência de Tiago, que mobilizou recursos e o colocou fora da prisão, arranjando-lhe trabalho como zelador num pequeno prédio do litoral paulista.

Núbia, com o incidente que não chegou a consumar-se da pior forma, reviu sua atitude interna, passou a ser mais autêntica, mais sincera, a valorizar mais a vida, e resgatou referenciais importantes para não reincindir nos erros de vidas passadas, onde havia feito da sedução um ardil que pôs em sofrimento muitos homens e em desespero muitos pais de família.

Na justiça e na misericórdia divinas tudo é perfeito e visa ao aperfeiçoamento moral do ser humano.

Capítulo Seis

DECISÕES

O decorrer do tempo sempre afere sabedoria às pessoas que se dispõem a perceber as lições do vento, que leva e traz idéias a serem inseridas, transmutadas, aperfeiçoadas; as lições da chuva que lava a poeira e retira as camadas de poluição, que abastece os mananciais e reverte em renovação de energia; as lições da terra, que ensinam o respeito ao ciclo da vida, ao incessante ir e vir da manifestação, a simplicidade da árvore que se desnuda no inverno para florir na primavera e frutificar no outono, a semente que morre no solo para se fazer vida; as lições do fogo, que incendeia, aquece e clareia, que vivifica, ilumina e permanece como brasa no cerne de tudo que vive.

Um dos grandes aprendizados de todos nós é composto por subseqüentes experiências no que tange a tomar decisões, e tudo o que decorre da ação e da omissão representa o caminho onde aprendemos a sacrificar, ou seja, a fazer sagrado o nosso caminho de vida.

Decisões de hoje geram o carma positivo ou negativo de amanhã; indecisões geram conflitos, a procrastinação lança-se no ar como setas sem direção que, pela própria força de gravitação que se manifesta no nível tridimensional da Terra, incidirão de encontro ao solo, na direção do emissor.

Se quisermos entender o nosso presente é bom que analisemos o passado, que prestemos atenção no quanto temos repetido experiências sem lhes captar o aprendizado. É por esta razão que precisamos passar por crises que nos forcem a mudar nosso referencial.

Nossos personagens, vivendo e aprendendo com suas próprias decisões, com o seu envolvimento nas opções alheias, transformaram-se.

Clara tornou-se mais perceptiva, menos incisiva, mais amena e partiu para a pátria espiritual com grande serenidade, deixando boas lembranças e muita saudade.

Tiago prosseguiu vivendo na fazenda, sentindo na carne a ausência da companheira, percebendo o quanto aquela mulher era forte; a velhice chegando e ele, cada vez mais, contemplando, a cada fio de cabelo que embranquecia ou caía, expandindo-lhe a calvície adiantada, a vida que se esvaía.

Às vezes sentava-se na sala, junto à lareira, em extrema solidão: os netos tomaram seu rumo e pouco lembravam-se do avô; os filhos, agora avós, ocupavam-se para se manter em atividade produtiva; Suélen casara-se, e por vezes preenchia o ar de risos de criança ou com o choro esfomeado de seu bebê caçula, mas ela também tinha sua própria família para cuidar, embora não residisse distante de Canaã.

Numa destas noites sentou-se junto ao fogo, era inverno, no céu estrelado a promessa da geada noturna.

A lareira acesa, o gole quente de conhaque. As muitas mantas não aqueciam o ancião de coração solitário, pois a alma enregelada congelava-lhe o corpo, mais que o inverno causticante.

Tiago toma nas mãos envelhecidas e trêmulas o porta-retrato onde Clara sorri, na serenidade de sua juventude, vestida de noiva.

Lágrimas, grossas lágrimas escorrem de seus olhos e ele murmura:

— Clara, onde está você? Se eu pudesse ouvir sua voz para me consolar, sentir sua presença e lhe dizer o quanto me arrependo por não ter reconhecido o valor de uma esposa nos anos da juventude...

O agora, quase octagenário, passava as mãos pelo retrato, até que adormeceu com o rosto colado à foto.

Adormeceu e sonhou que Clara, envolvida em muita luz, serena e vestida como no dia do casamento, estendia-lhe as mãos sorrindo e convidando:

— Vem, vem comigo, descansar este corpo dolorido; vem remoçar, vem viver outra vida; levante-se, passa pelo portal, entra neste túnel de luz, toma minhas mãos...

Tiago levanta-se, ergue as mãos em direção às dela, ultrapassa um grande arco de luz, toca suas mãos, e ela o puxa para si num abraço profundo.

Neste momento, o mentor de Tiago corta o cordão de prata que o unia ao corpo, que jazia inerte na poltrona, segurando o porta-retrato.

Na manhã seguinte, os serviçais da casa encontrariam o ancião falecido, com a face serena, olhos fechados e um leve sorriso de felicidade.

No plano espiritual, mais um amigo retornara, enquanto outros começavam o caminho de volta à encarnação, como Izilda, que apenas teve tempo de apresentar boas-vindas ao recém-chegado e começar a operação de unir-se a um novo corpo físico, no ventre de Núbia, que surpreendida pela gravidez tardia, após haver lutado muito para conceber e ter adotado dois filhos, não cabia em si de tanta alegria.

Tudo é justo na plenitude da Justiça divina, que se sobrepõe ao bem e ao mal, que é incorruptível, que é, na sua dupla face, justiça e misericórdia, por isso é suprema e infinita; é a Lei, é um aspecto de Deus, é, por si mesmo divino; como inerente, transcendente e imanente é onisciente, onipresente, onipotente, porque emana do Pai com quem é una.

É Cristo que mostra a Lei do Amor como justiça suprema: *"Ama a Deus sobre todas as coisas e ao próximo como a ti mesmo, esta é toda a lei e aqui estão todas as profecias."* Palavras de Jesus, nosso meigo e manso Rabi, o Mestre dos mestres, o Cristo de Deus, Caminho, Verdade e Vida; Ele é a justiça suprema para toda a Humanidade desta e de outras esferas. Ele é a misericórdia, a recompensa.

Capítulo Sete

ORAÇÃO DA JUSTIÇA

Percorrendo paragens espirituais, onde Instrutores da Humanidade reúnem-se para receber a luz do próprio Cristo, ouve-se, no cantar de um idioma sem palavras, a prece que jorra gotas de amor por sobre a aura da Terra e, como bálsamo de eficaz valia, inunda os corações da mais plena confiança no Pai de Amor que nos dá e renova a vida:

Senhor, és a gota d'água que nasce no leito da Terra e, pela fenda da rocha, abre nascente e transborda.

És a nascente que cresce, da chuva que Tu envias, das gotas que já foram e renascem no rio a correr.

És o rio que correu muito e, do topo da montanha, pelas pedras despencou em magnífica cachoeira.

És a cachoeira, que de novo transformou-se em rio; o rio que correu para o mar, que se abriu ao céu; o céu que desceu à Terra; a gota que é o orvalho.

Que sei, meu Pai, da Justiça que leva a gota a ser mar, que leva a rocha a fender-se e a cachoeira a jorrar?

Senhor, eu sei que és Tu que estás na gota e no rio porque és a essência das águas que não são águas: Tu és a Água da Vida.

Pai, és o raio de luz que penetra pelas vidraças, que aquece a flor no campo, que toca as gotículas d'água: o arco-íris Tu és.

És Tu que estás no sol que chega ao topo da montanha, que beija o horizonte das praias, que desce ao vale profundo...

Senhor, és a essência do Sol que dá vida a todos os sóis.

Pai, se és água e luz, se és o vento que sopra, se és a Ordem e a Lei, ensina-me a respeitar a Justiça que eu não entendo, mas sou compreendido por ela, na infinita Misericórdia da Lei Suprema do Amor.

Outros Títulos

ENFIM JUNTOS
O Amor pode Atravessar Séculos...
pelo espírito
Francisco
médium
Adreie Bakri

formato: 14 x 21cm

**A PRINCESA
DOS ENCANTOS**
Rubens Saraceni

formato: 14 x 21cm

Faça já o seu pedido!

Rua Paulo Gonçalves, 88 — Santana — 02403-020 — São Paulo — SP
Tel.: (0_ _11) 6959.1127 — Fax: (0_ _11) 6959.3090
http://www.madras.com.br

Outros Títulos

A LEI DO RETORNO
Os Anjos Também Choram
Melissa Gimenes Costa

formato: 14x21 cm

ENTRE O AMOR E O ÓDIO
pelo espiríto Andorra
Valéria Lopes de Brito

formato: 14 x 21 cm

Faça já o seu pedido!

Rua Paulo Gonçalves, 88 — Santana — 02403-020 — São Paulo — SP
Tel.:(0_ _11) 6959.1127 — Fax:(0_ _11) 6959.3090
http://www.madras.com.br

MADRAS® Espírita
CADASTRO/MALA DIRETA

Envie este cadastro preenchido e passará receber informações dos nossos lançamentos, nas áreas que determinar.

Nome _____
Endereço Residencial _____
Bairro _____ Cidade _____
Estado _____ CEP _____ Fone _____
E-mail _____
Sexo ☐ Fem. ☐ Masc. Nascimento _____
Profissão _____ Escolaridade (Nível/curso) _____

Você compra livros:
☐ livrarias ☐ feiras ☐ telefone ☐ reembolso postal
☐ outros: _____

Quais os tipos de literatura que você LÊ:
☐ jurídicos ☐ pedagogia ☐ romances ☐ espíritas
☐ esotéricos ☐ psicologia ☐ saúde ☐ religiosos
☐ outros: _____

Qual sua opinião a respeito desta obra? _____

Indique amigos que gostariam de receber a MALA DIRETA:
Nome _____
Endereço Residencial _____
Bairro _____ CEP _____ Cidade _____

Nome do LIVRO adquirido: A Recompensa

MADRAS Espírita
Rua Paulo Gonçalves, 88 - Santana - 02403-020 - São Paulo - SP
Caixa Postal 12299 - 02098-970 - S.P.
Tel.: (0_ _11) 6959.1127 - Fax: (0_ _11) 6959.3090
http://www.madras.com.br

Para receber catálogos, lista de preços
e outras informações escreva para:

MADRAS®
Espírita

Rua Paulo Gonçalves, 88 — Santana
02403-020 — São Paulo — SP
Tel.: (0_ _11) 6959.1127 — Fax: (0_ _11) 6959.3090
http://www.madras.com.br